「何者でもない自分」から抜け出すキャリア戦略

やりたいことが
なくても
選べる未来を
つくる方法

森数美保 著

日本能率協会マネジメントセンター

はじめに
やりたいことが見つからなくても大丈夫

「私には、やりたいことがありません」

この言葉を、あなたは誰かに打ち明けたことがありますか？ それとも、誰にも言えず、1人で抱え込んでいませんか？

実はこの悩みは、あなただけのものではありません。株式会社マイナビの2023年の調査によると、約40％の新入社員が「やりたい仕事が明確でない」と回答しています。さらに、35歳以上の転職希望者を対象とした別の調査では、60％以上が「自分のやりたいことがわからない」と答えています。


しかし、就職活動や転職活動の場面で、私たちは必ずと言っていいほど、このような質問を投げかけられます。

「将来の夢は何ですか？」

「やりたいことを教えてください」

「これからのキャリアプランはありますか？」

こうした問いかけに、胸を張って答えられる人はどのくらいいるでしょうか。

先ほどの質問の答えに窮したことがある人は、次のような悩みを抱えていませんか？

- 長期的な目標やキャリアビジョンが持てず、将来が漠然としている
- 色々なことをやってきたけど、これといった専門性がない
- 自分の強みがよくわからず、アピールポイントに迷う
- 転職したい気持ちはあるが、やりたいことがわからず動けない
- これからのキャリアをどう築くべきか、不安を感じる

ただ、もしあなたがこれらの悩みを抱えているなら、それはむしろチャンスかもしれません。なぜなら、「やりたいこと」を捉えすぎている人の方が、かえってキャリアの選択肢を狭めてしまうことがあるからです。

本書は、「やりたいことが見つからない」という状態を前向きに捉え直し、むしろそれを強みに変えていく実践的な方法をお伝えします。

キャリア支援する立場から気づいたこと

申し遅れましたがはじめまして。森数美保《もりかずみほ》です。

「やりたいことが見つからない」
この言葉を、私は何度となく心の中で繰り返してきました。

現在は株式会社Your Patronum（ユアパトローナム）の代表として、キャリアと組織開発を専門に活動しています。『選択できる自分になる』をミッションに掲げるキャリア支援プログラム『キャリパト』と、事業を伸ばす組織づくりを支援する『ユアパト』を運営しています。
しかし、キャリア専門家として活動する今でも、「絶対にこれがやりたい」というものは特にありません。むしろ、目の前のクライアントや一緒に働くメンバーに価値を届けるために「自分ができることは何でもやりたい」という気持ちで日々を過ごしています。

私自身、長年「やりたいことが見つからない」ことに悩んできました。新卒時には、「様々な業種・職種を知ることで、やりたいことが見つかるかもしれない」と考え、転職エージェント（株式会社ジェイ エイ シー リクルートメント）を選びました。
非常に濃いファーストキャリアで、営業、キャリアコンサルタント、マネジメントと役割を変えながら、様々な業種・職種の方々と接してきました。社員を信じて色んなことを任せてくれる会社だったので、「できること」は格段に増えました。代表取締役会長兼社長の田崎ひろみさん（通称「ミセス」）から教えてもらったマインドは、今でも私のベースであり宝物です。もし今から新卒の時に戻っても、私はまた同じ選択をすると思います。そのくらい、私にとってインパクトのあるキャリアを経験することができ、今でも感謝しています。

しかし、在籍中の9年の間で、「やりたいこと」を見つけることは叶いませんでした。

その後、転職して人事責任者、事業責任者、経営者と様々な立場を経験する中で、数多くのキャリア支援に携わっていきました。その過程で気づいたのは、私のように「やりたいことが見つからない」と悩む人が、想像以上に多いことでした。

また、自身も二児の母として、仕事と家庭のバランスに悩み続けてきました。地方在住で、転職市場において必ずしも有利とは言えない状況の中、どのようにキャリアを築いていけばいいのか、試行錯誤の日々でした。

これらの経験を通じて見えてきた、重要な気づきがあります。

「やりたいことがない」ことは、決してマイナスではないということです。

仕事を通じて、目の前にいる人に価値を届けたいという気持ちがあれば十分です。むしろ、やりたいことがない状態は新しい可能性を示唆しているのかもしれません。

本書の提唱するキャリアアプローチと構成

本書は、最初に挙げた悩みを持つ方やキャリア形成に不安のある方を中心に、私がこれまで多くの方々のキャリア支援に携わる中で見出してきた、実践的なアプローチである**「やりたいことから始めない」キャリア戦略フレームワークを提案します。**従来のキャリアアプローチは、「やりたいことを見つけよう」といういわゆる「Will」を見つけるアプローチですが、これにはいくつかの落とし穴があります。

- 知っている選択肢の中からしか「やりたいこと」を見つけられない
- 「やりたいこと」が得意なこととは限らない
- 時間とともに「やりたいこと」は変化する
- 「やりたいこと」に固執すると、他の可能性を見失う

そこで私が提唱するのが、「過去の経験」を重視するフレームワークです。**未来は不確実でも、過去は確かな事実として存在します。その過去をどう解釈し、活用するかで、キャリアの可能性は大きく広がります。**

具体的には次のように、実践的なフレームワークとともに解説していきます。

・**第1章：やりたいことがない人が抱えるキャリアデザインの憂鬱**
やりたいことが見つからない4つのタイプとその強みを理解し、その特徴を活かしたキャリアの

築き方を学びます。「何者でもない自分」という状態から、新しい可能性を見出すヒントが得られます。

・**第2章：不確実な未来に頼らないキャリア戦略の考え方**

キャリアの価値は何で決まるのか、経験と能力の違いは何か、そして過去の経験を分解して活用する「ピース化とラベリング」の手法を学びます。自分の強みを見つけ、キャリア戦略のベースを構築する方法を習得することができます。

・**第3章：「取り柄がない？」ゼネラリストのキャリア戦略**

「取り柄がない」と感じている方に向けて、ゼネラリストならではの強みと可能性を解説します。「広く浅く」という状態を強みに変え、職種の概念に縛られないキャリア戦略の立て方を学びます。

・**第4章：やりたいことが見つからないときのキャリアデザイン**

やりたいことが見つからない時でも、自分の価値観や大切にしていることから「ありたい姿」を見出す方法を学びます。過去の経験から自分の本質的な価値観を見つけ、それを未来のキャリアにつなげる具体的な手法を解説します。

・**第5章：キャリア選択の基準を築く**

キャリアテーマの決め方から、具体的な判断軸の設定方法まで、実践的なキャリア選択基準の作り方を学びます。会社の成長フェーズと自分の特性の関係性や、「こんなはずじゃなかった」を防ぐための情報収集方法など、実践的な知識が得られます。

・第6章：ライフステージ変化への対応

結婚、出産、育児などのライフイベントに伴うキャリアの変化にどう対応するか。時短勤務の選択や「残像問題」への対処法、ファミリーキャリアの考え方など、ライフステージの変化に応じたキャリア戦略を学びます。

・第7章：過去から未来をつくるための行動

勝てる職務経歴書の作り方から、転職しない選択を含めた柔軟なキャリア戦略まで、具体的なアクションプランを提案します。自分の経験を効果的に活用し、未来の可能性を広げるための実践的な方法を学びます。

本書の読み方・使い方

本書は、先ほどの悩みに関連して、次のような状況にある方におすすめです。

- やりたいことが見つからず、キャリアに悩んでいる方
- ゼネラリストで専門性がないと悩んでいる方
- 目標設定に違和感を覚える方
- 内向的な性格で、自己アピールが苦手な方
- ライフステージの変化でキャリアの見直しを考えている方

●転職や異動を考えているが、選択に自信が持てない方

最初から一気に読み進めることもできますが、現在直面している課題に応じて、必要な章から読み始めることもできます。ただし、第2章で紹介する「経験を分解してピース化する方法」は、後の章でも活用する重要な考え方となりますので、ぜひ押さえておいていただきたいポイントです。

また、本書には実践的なワークシートも用意しています。単に読むだけでなく、実際に書き込みながら自身のキャリアを見つめ直すツールとしても活用してください。巻末に無料動画のご案内もありますので、こちらもぜひご活用ください。

繰り返しになりますが、「やりたいことがない」という状態は、決してマイナスではありません。むしろそれは新しい可能性への入り口かもしれません。本書を通じて、あなたらしいキャリアの築き方を一緒に考えていければ幸いです。

contents

第2章 不確実な未来に頼らないキャリア戦略の考え方 41

第4章 やりたいことが見つからないときのキャリアデザイン……89

第5章 キャリア選択の基準を築く

第7章 過去から未来をつくるための行動

第1章

やりたいことがない人が抱えるキャリアデザインの憂鬱

本章では、多くの人が抱える「やりたいことがない」という悩みの本質に迫り、その背景にある誤解や思い込みを解きほぐしていきます。

「夢は持つべきだ」
「やりたいことを見つけるべきだ」
「目標に向かって頑張るべきだ」

このような言葉を、私たちは頻繁に耳にします。しかし、これらの「べき論」が、かえって多くの人々のキャリアの可能性を狭めているのではないでしょうか。

1　キャリアデザインにまつわる3つの誤解

誤解1　やりたいことから考えるべき

最も一般的なキャリア形成の方法は、「やりたいこと」から始めることです。しかし、この方法には重大な問題があります。

私たちが思いつく「やりたいこと」は、既知の選択肢の中からしか生まれません。例えば、「人事の仕事がしたい」と考える人は、深掘りしていくと次のような気持ちをもっていることがあります。

- 人と関わる仕事がしたい
- 組織の成長に貢献したい
- 人の可能性を引き出したい

これらに該当する職種で思い浮かべやすいのは人事ですが、必ずしも人事という職種でしか実現できないわけではありません。コミュニティマネージャー、キャリアコンサルタント、組織開発コンサルタントなど、様々な選択肢が考えられます。しかし、**やりたいことから考えると、選択肢が**

限定されてしまうのです。

誤解2 好きなことを仕事にすべき

「好きなことを仕事にしよう」というメッセージをよく耳にします。確かに、好きなことを仕事にできれば素晴らしいことです。キャリア相談でも、「好きな仕事に就きたい」という声はよく聞かれます。

しかし、ここにも重大な落とし穴があります。

- 好きなことが、必ずしも得意とは限らない
- 好きなことを仕事にすると、趣味として楽しむ機会を失う可能性がある
- 市場価値と個人の「好き」は必ずしも一致しない
- 好きなことは不変ではない

仕事は誰かと価値を交換して成立します。「好きなこと」「やりたいこと」だけで成立することは稀《まれ》です。むしろ、「誰かの役に立てている」「価値を発揮できている」という実感から、その仕事を好きになっていくケースの方が多いのです。

誤解3 明確な目標を持つべき

多くのキャリア理論が、「明確な目標設定」の重要性を説いています。しかし、自分の周りを含めて「将来は絶対こうなる」までは誰にも予見できないものです。もし目標設定の際に想定していた将来が変わってしまえば、どれだけ優れた戦略を立てても、望むゴールにはたどりつけません。つまり、**最初に明確な目標を決めることが、かえってキャリアを迷走させる原因になり得るのです。**

キャリアを取り巻く環境は変化が激しく、数年後には職業や働き方の選択肢が大きく変わる可能性があります。また、人生のステージが変わるにつれ、自分の価値観や優先順位も変化していきます。そんな中で、無理に目標を定めることは、むしろ柔軟な選択肢を狭めることになりかねません。

また、「やりたいことがない」と感じる人も、「適切な目標を持てないのは問題だ」と思い込む必要はありません。むしろ、「目標を決めなければならない」という考えにとらわれたまま設定した「やりたいこと」や「目標」は、本当に自分が望むものではなく、周囲の期待に応えようとするものになっていることが多いのです。

「目標」だと思っているものが、実は「なるべき自分」――自分が「こうあるべきだ」と思い込んでいたり、他者の期待を反映したものだったりするケースも少なくありません。

重要なのは、最初に目標を設定することではなく、自分の経験や価値観を整理しながら、納得できる方向性を見つけていくこと。目標は、そのプロセスの中で自然に見えてくるものなのです。

本書を通して、**目標を「無理に決める」のではなく、「自分にとって納得感のある形で見つけていく」方法**をお伝えしていきます。

2　やりたいことが見つからない４つのタイプとその可能性

さて、「やりたいことが見つからない」人には、どんな特徴があるでしょうか。これまでキャリアコンサルタント、人事、事業責任者として関わってきた数千人の方々をもとに、４つのタイプに分けてみました。４つのタイプを１つずつ読んで、「自分に当てはまるかも」と感じるものを選んでみてください。タイプを併せ持つ人もいるので、無理に１つに絞る必要はありません。

2
何でも幅広くできてしまう「バランサー人間」

特徴：
・幅広い業務をこなせる柔軟性とマルチタスク力を持つ
・チーム内で調整役や橋渡し役を担うことが多い
・周囲から頼られやすく、常に多くの業務を抱え、「何でも屋」状態になる

強み：
・多様な経験やスキルを活かし、さまざまな課題に対応できる
・優れたコミュニケーション能力で異なる立場の人々をつなぐ力

4
求められると何でもやってあげたくなる「奉仕型人間」

特徴：
・チームワークを重視し、全体の調和を大切にする
・高い共感力で他者の感情やニーズを理解することができる
・「相手のために何かしてあげたい」と、つい業務外のこともやってしまう

強み：
・共感力と気配りで、周囲との信頼関係を築くことができる
・チーム全体の成果向上に貢献する協調性

やりたいことが見つからない４つのタイプ

1

長期的な目標を持たない「Willなし人間™」

特徴：

・目の前のタスクに集中し、確実に実行する力を持つ
・現実的な判断力があり、与えられた環境の中で最適な選択ができる
・「やりたいこと」を聞かれると答えに詰まってしまう

強み：

・実践的な問題解決力と、柔軟に対応できる決断力
・日々の業務に真摯に取り組み、確実な成果を出すことができる

3

自分の強みを認識しにくい「内向型人間」

特徴：

・じっくりと考えを深め、慎重に物事を進める傾向がある
・一人で集中して作業することで高いパフォーマンスを発揮できる
・自己アピールが苦手で、強みを見つけられない

強み：

・物事を多角的に分析し、本質的な課題を見抜く洞察力
・傾聴力と共感力を活かした質の高いコミュニケーション能力

（1）「Willなし人間」：目の前の価値創造に集中するタイプ

「Will（将来への意志）なし人間」と聞くと、まるで目標もなく流されるままに生きているように思われがちですが、長期的な大きな目標やビジョンを持っていなくとも、日々の仕事に全力で取り組んでいる人を私はこう呼んでいます。遠い未来のことよりも目の前のタスクに集中し、堅実に成果を上げる傾向があります。成果を上げるので、Willがあると思われることもありますが、実際にはやりたいことがなく悩んでいます。

（2）「バランサー人間」：多様なスキルを持つ適応タイプ

「バランサー人間」は、いわゆるゼネラリストのことです。「何でも屋」のように思われることもありますが、多様なスキルや知識によって状況に応じて柔軟に対応できるため、様々な分野で一定の成果を上げる人材と言えます。周囲からは何でもできて頼りになる存在と見なされることが多いですが、当の本人は、「器用貧乏で専門性がない」と悩む傾向にあります。

（3）「内向型人間」：深い思考力を持つ分析タイプ

「内向型人間」は積極性や社交性に欠けると思われる傾向にありますが、実は、深い洞察力や誠実さ、共感力など独自の強みをもち、長期的な信頼を築きやすいタイプです。一方で、自分の内面に焦点を当てる傾向が強く、自己評価が低くなりがちです。その結果、自分の強みや才能を見つけることが難しく、やりたいことがわからなくなることがあります。

(4)「奉仕型人間」：他者貢献に喜びを見出すタイプ

「奉仕型人間」はホスピタリティーが高いギバー（与える人）で、他者の期待に応えることに喜びを感じ、頼まれごとや要望に対して積極的に応じる人です。周囲への配慮が行き届き、他者のニーズに敏感であるため、チームや組織において高い貢献を果たします。しかし、他者への奉仕に時間やエネルギーを費やしすぎることで、自分のキャリアや人生の方向性を見失うこともあります。

いずれのタイプも、キャリア迷子になりやすいだけではなく、周囲に仕事をフリーライド（ただ乗り）されてやることが雪だるま式に増え、疲弊する傾向にあります。加えて、自己主張が苦手なタイプの場合、評価のタイミングでフリーライドされたことを自覚し、「色々やったけど報われないな」「なんだかバカらしいな」という気持ちにも陥るのです。

この分類で考えると、私自身はかなりの内向型だと自認しています。また、「Willなし人間」でもあり、「やりたいことがない」と悩んできたのは、ここまで述べてきた通りです。

一方、バランサー人間や奉仕型人間のように外向的な振る舞いの人は、「やりたいことが明確で主張できる」と思われがちですが、人と接することでエネルギーを得るため、「求められるとやってしまう」を繰り返してやりたいことが見えなくなったり、器用になんでもできてしまうが故に強みが見えにくくなったりして、キャリアの方向性に迷う人が少なくありません。

このように、**「やりたいことが見つからない」は、外向的な人でも陥りがちな悩み**です。

3 内向型の人は、損をする？

内向型も外向型も同じように悩んでいることに触れましたが、それでも「内向型の方が損をする」と言われがちです。それはなぜでしょうか。

両者について尋ねると、それぞれ上の図のようなイメージを持つ人が多いのではないでしょうか。

内向型	外向型
おとなしい	社交的で活発
あまり自己表現しない	自己表現豊か
一人が好き	人と過ごすのが好き

人間を大きく分類すると、内向型か外向型のどちらかになります。しかし、人の心をきれいに2つに分けるのは無理な話なので、当てはまらない

部分も当然あります。

そこで、次に当てはまるものにチェックを入れてみてください。

- □自己アピールが苦手で、評価面談や自己評価の場で強みや貢献度を強調するのが難しく、ストレスを感じる
- □周囲に助けを求めるのが苦手で問題を一人で解決しようとしてしまい、仕事が溜まり、プレッシャーを感じる
- □大勢の人がいる場が苦手で、「人付き合いが悪い」「積極性がない」と思われてしまう
- □目的のない会話が苦手で、相手が距離を感じてしまう
- □昇進の打診を断ってしまい、向上心がないと思われてしまう
- □電話をかけることは試練に感じるし、電話が鳴るのもストレス
- □人と話すより仕事をしていたいし、集中して取り組みたいからオフィスでの仕事が苦手
- □人前で話すことが苦手かつアドリブに弱く、会議の準備に時間がかかる
- □考えても仕方がないことをあれこれ考えすぎて、勝手に落ち込んでしまう
- □出張にいくとエネルギーを激しく消耗して疲れてしまう
- □週末になると体調を崩しがちで、せっかくの休みが回復時間に当てられてしまう

「当てはまるものがたくさんある」と感じた方は、内向型である可能性が高いです。

「16Personalities」をご存知でしょうか。心理学のMBTI理論とビッグファイブ理論を融合した独自のアプローチで、性格を16種類のタイプに分類するオンライン性格診断テストです。４つの基本軸（外向・内向、現実・直感、思考・感情、計画・柔軟性）に加えて、ビッグファイブ理論（性格特性の５因子モデル）の観点からも分析することができます。

ちなみに私の診断結果は「INFJ－A（提唱者）」でした。「周りからは非常に外向的な人だと思われるが、内向的で友だちが少ない」と書かれていて、「まさに！」な結果でした。無料で診断できるサイトがありますので、まだの方はぜひやってみてください。ただし、16Personalitiesの診断結果はあくまで1つの視点にすぎません。過信しすぎず、自分を知るヒントの1つとして活用してください。

「INFJ－A（提唱者）」診断結果の通り、私は内向型ですが、明るく活発で外向的だと思われることが多いです。確かにそれも本当の私です。人が好きですし、人と接する事で元気をもらうこともたくさんあります。ただ、人と接する事で消耗するエネルギー量のほうが圧倒的に多いとも感じています。週末になると体調を崩すのはそのせいだと、最近気がつきました。

「内向型は人と会うと疲れやすく、人と会う回数を減らそうとしたり、人から誘われるまで自分から誘わないようにする」という一文を、井上ゆかりさんの『世界一やさしい内向型の教科書』で見つけた時、私の中でこれまでのことが色々とつながりました。

人が嫌いなわけではありません。**内向型と外向型ではエネルギーの調達方法が違う**だけです。自分を知るだけではなく、双方の特徴を知ることで、今よりもうまくいくことがあるのではないかと認識できたのです。

例えば内向型の人は、周囲から評価されることをあまり心地よく感じません。目立ちたくないし、「過大評価されている」と不安になりやすいからです。

「自己アピールが重要」とされる風潮がある中で、そのように振る舞えない内向型人間は自己嫌悪に陥りやすく、かつ、自己評価が低い性質と主張ができない性質も相まって、キャリアデザインにおいて有利に働かないことが多いようです。

4 他人軸で生きる「何者でもない自分」はつらい

自己主張が得意でないタイプの中には、自己評価と他者評価のギャップに苦しんできた人も多いでしょう。周囲の期待や高評価を、自分が実際に感じている自己像とどうしても一致させられず、その差を埋めようと懸命に努力してきた経験があるかもしれません。私も、幼い頃からこのギャップに悩まされ、他者の期待に追いつこうと奮闘していました。自然と「相手の期待に応えられる自分にならなければならない」という意識が生まれ、学校での成績のように、目に見える評価に注力するようになりました。

受験や仕事の選択においても、常に、「自分がどうしたいか」よりも、「求められる自分でいるにはどうすべきか」を基準にしてきました。その選択基準に対して大きな疑問を感じることもなく、「そういうものだ」と受け入れてきたのです。

しかし、他人軸での選択を重ねたり、決められた事を全力でがんばっている人、完璧主義な人ほど、「自分は何者でもない」という感覚に陥り、苦しむことがあります。

私は、第二子妊娠中に退職した際、とあるアンケートの職業欄で手が止まり、「社会に席がない人間になってしまった」という喪失感を味わいました。もちろん、実際には違います。働いていなくても、専業主婦（夫）でも社会に居場所はある。ただ、その時の私はそう感じてしまったのです。「途方に暮れた」という表現が近いかもしれません。

この時に初めて、自分がどれほど「働くことに自分の居場所を見出していた」かに気づき、「何者でもない自分でいることの苦しさ」を実感しました。働くことが生きがいの一部であり、自分の存在価値を感じる方法の一つだったと改めて気づかされたのです。

やりたいことがなくても、強いWillがなくても、「働くことそのもの」が幸せに生きる上で大きなウエイトを占める——私は、「働くことに救われた」と感じています。

5 キャリア選択肢を最大化する戦略

社会において、「やりたいこと」や「目標」が見つからないまま日々を過ごす人が少なくないことは、すでにお伝えした通りです。私も大きな目標は持たず、目の前にいる人を幸せにすることだけを強く意識してきました。その気持ちを中心において働き続ける中で、他者からのフィードバックによって自分の得意なことに気づくことで、キャリアが形作られていきました。

26ページでも説明しましたが、「Willなし人間」について、私は「日々の仕事に全力で向かう人」と定義しています。長期的に大きなビジョンがなくても、目の前にいる人の役に立つことを大切にすることで、気づけばキャリアに必要な能力や経験が身についていました。つまり、**戦略的にキャリアの選択肢を広げるために、まずは「今、やるべきこと」を重視する生き方**を続けてきたのです。

そんな私がたどり着いた結論は、**「やりたいことが見つかった時に、すぐ掴《つか》める自分になる」でした。つまり、「できることを増やして、キャリア選択肢を最大化する」**という戦略です。今の自分が「やった方がよいこと」に集中し、キャリアの選択肢を広げることに意識を向けました。

やりたいことを最初からわかっている人からすると、遠回りに感じるかもしれません。しかし、見つかってから準備するよりは早いだろうと考えたのです。

「選べる自分になる」と決めた時、子ども達は2歳と0歳でした。残念ながら、二児を抱えた母親は転職市場において有利な状況とは言えません。そこで、キャリアの可能性を広げるため、これまでの経験と親和性のある人事領域での経験を積むことを重視し、採用職への転職を選びました。この際、給与や雇用形態は優先順位を下げる代わりに、経験を積むことで自分の強みを増やしていく選択をしました。

加えて、会社の成長フェーズも意識してアーリー（初期）のスタートアップを選択したことで、人事立ち上げから評価制度の構築など、幅広い役割を経験することができました。こうした経験の積み重ねにより、自己理解が深まり、キャリアの方向性に関する選択肢を確保してきました。

やりたいことや夢に向かって進んできたというより、目の前にあることに向き合い続け、最大の結果になるよう走っていたら、だんだん点と点がつながって線になり、面になってキャリアの道筋が見えてきた。そんな感覚を持っています。

6 今、やりたいことがなくてもいい理由

「やりたいこと」は、ないよりあった方がいいのかもしれません。しかし、今「やりたいこと」が見つかっていなくても問題ありません。今やりたいと思っていることは、時が経つにつれて変わる可能性が十分にあるからです。それに、「知っていること」の中からしか、「やりたいこと」は見つかりません。だからこそ、今「やりたいことが見つからない」と焦る必要はありません。

ただ、1つ意識してほしいことがあります。それは、**今やっていることに意義を見出す努力**です。必ずしもその仕事を好きになる必要はありませんし、得意なことばかりではないかもしれません。それでも、どんな仕事にも、目的や意味があるはずです。

ビジネス界隈ではよく話題になる「3人のレンガ職人」の話があります。

ある日、大聖堂の建設現場を訪れた旅人がいました。その旅人は、同じような作業をしている3人のレンガ職人に出会い、それぞれに「何をしているのですか?」と尋ねました。するとそれぞれ、36ページのように答えます。

1人目のレンガ職人は、仕事を「単なる肉体労働」として捉え、日々をこなすことだけに集中しています。2人目のレンガ職人は、仕事を「家族を支えるための手段」と捉え、その役割に意義を

３人のレンガ職人に尋ねると……

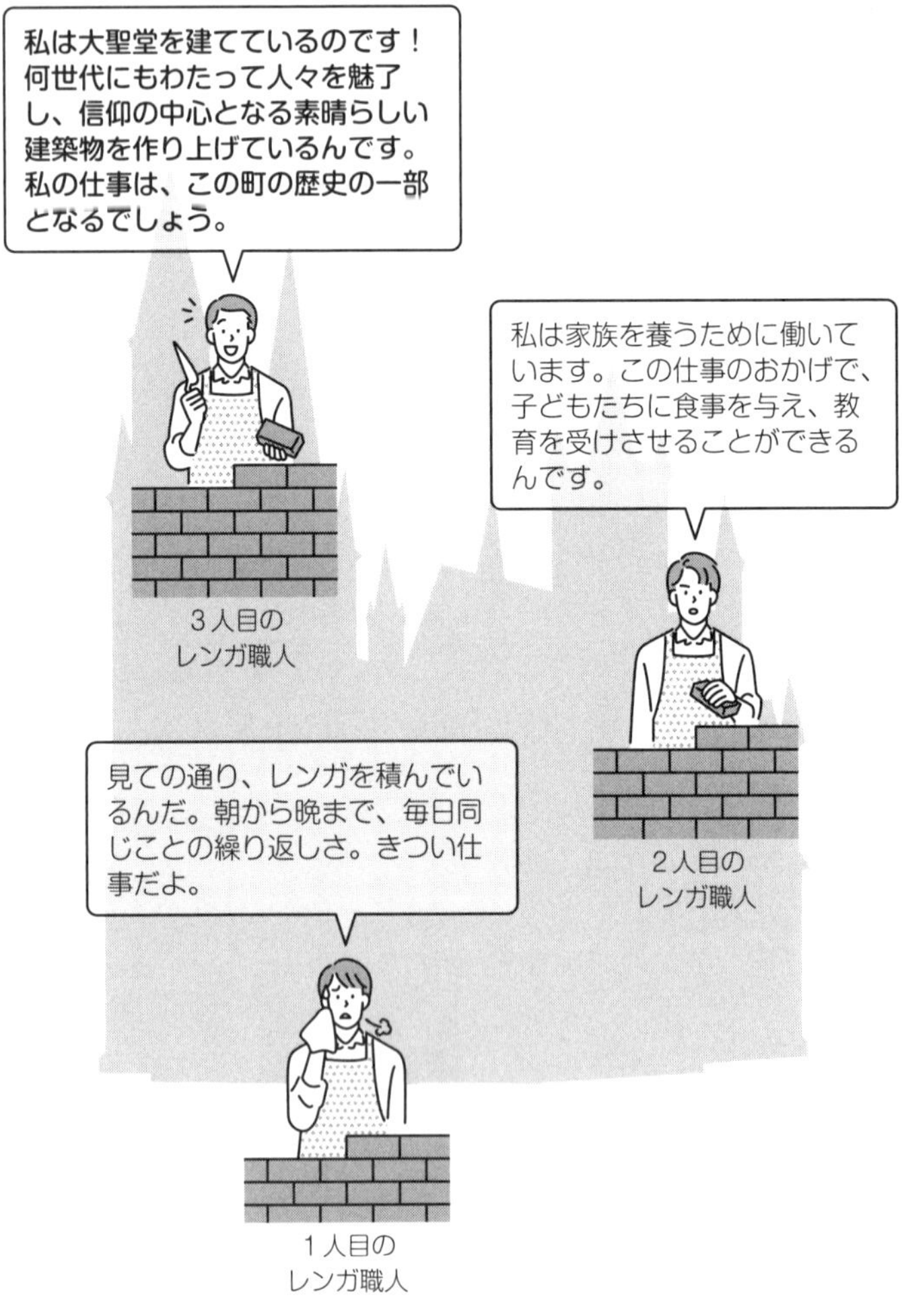

見出しています。3人目のレンガ職人は、仕事を「大きなビジョンの一部」とし、自分の努力が歴史や社会に貢献していることに誇りを感じています。

人それぞれ、仕事に対する動機や働く目的は異なります。そしてそれらは全て尊重すべき価値あるもので、どれも正解です。しかし、**自分の仕事に意義を見出すことで、日々の満足感や幸福感がより高まる**のも、また事実です。

どんな仕事も誰かに価値を提供することで成り立っていて、必ず目的や意味があります。大きなWillがなくても、今取り組んでいる仕事に価値があることを信じ、その仕事に真摯に向き合うことで、それが未来に向けて大きな資産となります。

私は今でこそ起業していますが、消極的な起業でした。自分が大切にしていることを重視するのであれば起業するしかない……と一歩踏み出した日のことを今でも覚えています。ワクワクより「やっていけるのだろうか」という不安の方がずっと大きかったのです。

「やってきたこと全てに意味がある。無駄なことは1つもない」

起業前から、言い続けてきた言葉ですが、もしかしたら私自身に言い聞かせていたのかもしれません。今は、過去の経験に助けられることばかりです。自分で選り好みしていたら得ていなかった経験も多くありました。

起業することは全く想像していませんでしたが、**「やりたいことがないなら、やりたいことが見つかった時にチャンスを掴めるようキャリアを積もう！そして、いつでも選べる自分でありたい」と出来ることを増やしてきたことが、起業後の私を支えている**のは間違いありません。

7 過去やってきたことがキャリアの礎《いしずえ》になる

自分のキャリアの現在地は、社内での評価だけでなく、社外の人との距離や市場動向で決まるため、自分一人で正確に把握することは極めて難しいです。未来に関しても、不確実性が常に伴います。しかし、過去に関しては、揺るがない事実としてそこに存在します。過去の経験、そこで得た知識やスキル、失敗や成功といったすべての出来事が、今後のキャリアを築くための礎となります。そのため、**誰にでも等しくある「過去」をしっかり振り返り、経験と能力を整理することが、キャリア戦略において非常に重要です。**

過去の経験は、単なる履歴ではありません。あなたのキャリアを支える揺るぎない基盤になります。「過去が、これからのキャリアにどうつながるか」を考えることで、目標がより具体的になり、実行するためのステップが見えてきます。

過去の経験に対する解釈は、未来の選択肢を広げるための大きなヒントになるのです。

次章では、過去の経験を基に、具体的なキャリア戦略を立てる方法について詳しく説明します。自分の過去を大切な資産として捉え、最大限に活用するキャリア戦略を一緒に考えていきましょう。

第１章まとめ

キーポイント

- やりたいことが見つからない状態は、むしろ選択肢を広げるチャンス
- やりたいことが見つからない人の４つのタイプ（Willなし人間、バランサー人間、内向型人間、奉仕型人間）それぞれに強みがある
- やってきたこと全てに意味がある

実践に向けて

- 自分のタイプを知り、その特徴を活かす方法を考える
- 「やりたいことを見つけなければ」というプレッシャーから解放される
- 目の前の仕事に真摯に取り組むことで、新しい可能性が拓ける

Column

キャリアガイダンスの父　フランク・パーソンズ

キャリアガイダンスの父であるフランク・パーソンズは、1909年に出版した『Choosing a Vocation』で、体系的な職業選択のアプローチを初めて提唱しました。これまで職業選択は、直感や伝統に基づくことが一般的でしたが、パーソンズは、個人の特性と職業の要件をマッチングする科学的な視点を導入しました。彼の死後、その理論は特性因子理論として体系化され、現在のキャリア理論の基盤となっています。

特性因子理論では、個人の特性を自己理解することと、職業要件を理解するプロセスを経て、その２つを照らし合わせることで最適な職業選択が可能であると考えています。個人の特性には能力、適性、興味、価値観、パーソナリティ、職業要件には必要な技能や知識、求められる身体的・精神的特性、職業環境、給与や昇進の機会、社会的地位などが挙げられます。これらをマッチングすることで客観的によい職業を選ぶことができるというもので、現在のキャリア選択でもよくある手法です。

パーソンズの理論は、個人の特性と職業の要件が固定されたものと考えるため、「静的キャリア理論」と呼ばれます。つまり、職業選択は人生で一度だけ行う重大な決断であり、一度選んだら基本的に変えない前提です。これは、終身雇用が主流だった時代の日本のキャリア観とも近いものがあります。

しかし、時代が進むにつれて、個人の成長やライフステージの変化を考慮する「動的キャリア理論」が提唱されるようになりました。現代では、キャリアは一度決めたら終わりではなく、柔軟に変化していくものと考えられています。

第 2 章

不確実な未来に頼らないキャリア戦略の考え方

本章では、キャリアの本質的な価値とは何かを考え、過去の経験を最大限に活かすための実践的な方法を紹介します。一見すると価値が見出しにくい経験でも、視点を変えて見直すことで、新たな可能性が広がることがあります。そのためには、経験を細かく分解し、自分の強みを正確に理解することが重要です。

「経験のピース化とラベリング」いう手法を使って過去の経験を整理し直すことで、あなたの持つ可能性をより広げることができます。ピース化やラベリングの具体的な方法から、それを活用したキャリア戦略の立て方まで、実践的なステップを一緒に考えていきましょう。

1 キャリアの市場価値は何で決まるのか

キャリアの市場価値は、何で測れると思いますか？

専門性、年収、役職、経歴（学歴や在籍企業、転職回数など）、職種（求人数が多い職種）――こうした要素が挙げられるかもしれません。どれも重要ではありますが、私の考えは少し異なります。

株式会社ジェイ エイ シー リクルートメントで、転職エージェントとして働いていた時の話です。人材紹介業は、一般的に転職決定者の理論年収の30～35％を成功報酬として、企業から受け取るビジネスです。そうした仕組みの中においては、年収が高い、いわゆる「経歴がきれいな人」が市場価値が高い人として、転職エージェントの主な顧客層になります。

一方で、年収が高い人でも、そのキャリアが他に転用しにくい場合、転職することが難しくなることがあります。辞めたくても辞められないというジレンマに陥る人をたくさん見てきました。その状態は本当に、キャリアの市場価値が高いと言えるのでしょうか。

また、ライフステージの変化によって働き方を変えざるを得ないのは、いまだに女性が多い傾向にあります。例えば、育児や介護で時短勤務を選べば、必然的に給与も下がります。このように、年収だけでキャリアの価値を測ることには違和感があります。

私自身も、ライフステージの変化に合わせて取捨選択を繰り返してきました。最初の転職では年収が１／３に下がりましたが、その後のキャリアの市場価値は確実に上がったと感じています。キャリアの市場価値は、単純な数値や肩書きだけで測れるものではないのです。

私が考える**キャリアの市場価値を測る重要な指標の一つは、「掴めるキャリア選択肢の多さ」**です。１つのキャリアだけで突き抜けて勝負ができる人は稀です。重要なのは、その周辺のキャリアを合格点まで伸ばして組み合わせることで、複数のキャリア選択肢を持つことです。選択肢が多いほどチャンスも広がります。

ここで、皆さんもイメージしやすいように私自身のキャリアを振り返ってみます。

１社目では、営業、キャリアコンサルタント、そしてチームマネジメントを経験しました。その後、人事領域のキャリア選択肢を広げたいと考え、事業会社の採用担当に転職しました。人事職には採用だけでなく、労務、研修・育成、人事制度、組織開発など、様々な役割があります。人事としてキャリアを形成するなら、労務の知識は避けて通れないと考え、社会保険労務士の資格を取得しました。

その後、スタートアップにおいて、エンジニア採用や人事制度の構築、組織文化の醸成といった幅広い業務に携わる機会を得ました。このように、１つの分野にとどまるのではなく、少しずつ親

業界	人材業界	通信業界	IT業界	BPO	人材業界
フェーズ	拡大期　上場	成熟期	創業期　売却	拡大期　上場直前	第二創業期
役職	一般　マネージャー	一般	一般	マネージャー　執行役員	執行役員 COO

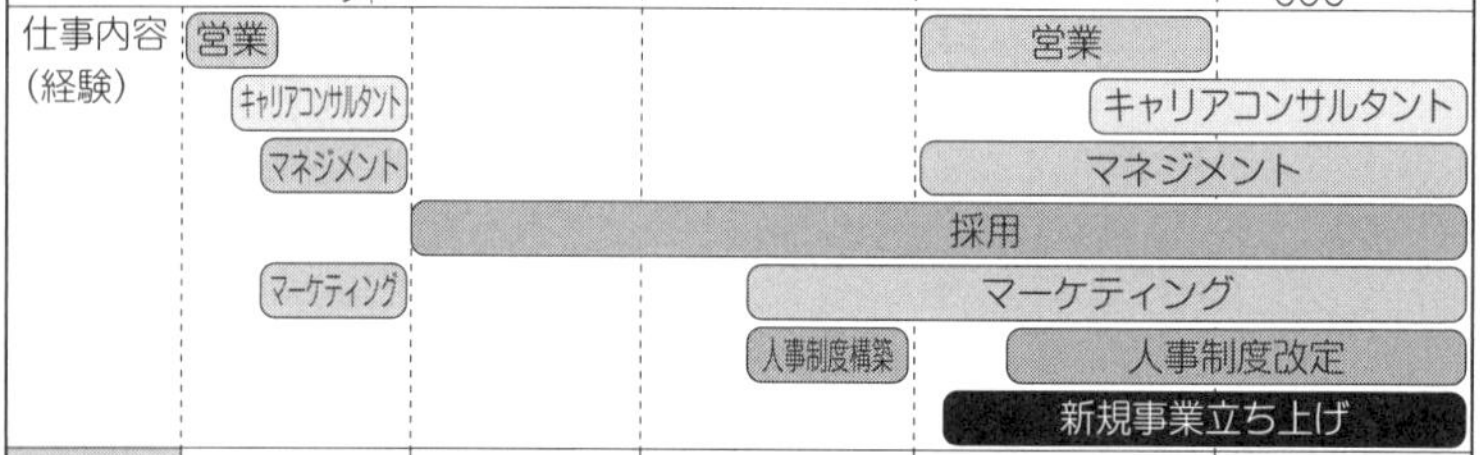

具体的に積めた経験	人材業界	通信業界	IT業界	BPO	人材業界
	・営業 ・キャリアコンサルタント ・マネジメント ・マーケティング	・中途採用	・エンジニア採用 ・人事制度構築 ・アンバサダーマーケティング ・オウンドメディア構築	・採用代行事業責任者 ・新規事業立ち上げ ・全社採用 ・人事制度改定 ・発信コンテンツ作成（Voicy、note、X）	・CXOクラスのキャリア支援 ・新規事業立ち上げ準備 ・就業規則改定 ・YouTube企画

和性のあるキャリアの軸を広げていくことで、人事領域で掴めるキャリア選択肢が増え、視野も広がりました。

「他の選択肢がないから現職に留まっている」状態と、「他にも選べる選択肢があるが、今の会社にいる」状態では、同じ「現職にいる」状態でも、その価値や働く意欲はまるで異なります。**会社の都合に縛られたキャリアではなく、どこでも通用するキャリアを築くためには、自分が市場の中でどう位置づけられているかを常に考えることが必要です。**

かつては「就職」より「就社」への動きが強く、会社の都合に合わせたジョブローテーションが行われ、その会社でしか通用しないキャリアが形成されやすい環境でした。しかし**今は、どこでも通用するキャリアを築くために、「市場の中の自分」を考える時代です。**

会社の中だけでキャリアを考えるのではなく、市場での自分の価値に目を向け、今の会社に留まる理由も含めて、自分自身のキャリアを見直す必要があります。

「選べる自分になる」というのは、単に転職先を選べるということだけではなく、働き方やキャリアの方向性、ライフスタイルにおける選択の自由度を高めることを意味します。

決断のタイミングは突然やってくるものです。何か起こってから慌てて後悔しないために、今から「選べる自分」になる準備を始めましょう。

2 「経験」と「能力」は違う

「選べる自分」になるための第一歩は、過去の経験を細かく分解し、その経験を通して得た能力を正しく理解することです。経験と能力は混同されがちですが、異なるものです。その違いをしっかりと認識することが、効果的なキャリア戦略を立てるための基礎となります。

ここでは、経験と能力をそれぞれ次のように定義します。

- 経験＝「実際にやったこと」、つまり「過去に携わった業務そのもの」
- 能力＝「経験を通じて得た力」や「結果を出すために必要な力」

経験を積むだけで能力が育つとは限りません。経験からどれだけ学び、成長できたかが能力として現れるのです。

例えば、営業の経験がある人が全員優れた営業力を持つとは限りません。一方で、営業経験がなくても、営業として実績を出すために必要な能力を持っていれば、営業職に就いてすぐに成果を出す可能性もあります。

ただ、現在の転職市場では、多くの企業が「経験」を重視して採用を行います。「経験がある人は即戦力としてすぐに成果を上げられるだろう」という仮説に基づいているためです。多くの求職者から選ぶためには、書類上の判断基準を設けざるを得ないという理由も背景にあります。

経験と能力が伝える役割の違いにも注目が必要です。

経験は求人内容との「**類似性**」を示す材料になり、能力は結果を出す力の「**再現性**」を示す材料になります。

	経験	能力
定義	やったこと（業務）	結果を出すために必要な力
役割	求人内容との類似性を示す材料	結果を出す力の再現性を示す材料

これら全てを理解した上で職務経歴書を作成する必要があるのですが、経験と

能力を正しく把握できている人の方が少ないのが現状です。また、経験と能力を把握するだけでは不十分で、自分の持つ特性や大切な価値観などから、自分に適したキャリア戦略を練る必要があるのです。

（第7章で、効果的な職務経歴書の書き方を具体的に解説します）

3　一般的なキャリア戦略の基本ステップで躓《つまず》く理由

第1章でも述べましたが、多くのキャリア戦略は、自己分析をした上で明確な目標やビジョンを設定し、それに向けた行動計画を立てることが重要視されます。いわゆる「やりたいこと」や「将来の夢」に基づき、目指すべき職業やキャリアパスを設定し、それに向かってキャリアを構築していくアプローチです。このアプローチは、やりたいことが明確な人や将来のビジョンを持っている人にとっては非常に有効ですが、そうでない人にとっては、違和感ややりにくさを感じることが多いといえます。

例えば、第1章でタイプ分けした「Willなし人間」の人は、長期的な目標やビジョンを持たず、目の前のタスクに全力で取り組む人です。そのため、**遠い未来を見据えて明確な目標を設定し、それに向かって進むというスタイルが合いません。やりたいことがわからないから悩んでいるので、**

この時点で躓きます。また、将来の目標を設定しなければならないことにプレッシャーを感じたり、計画が重荷になったりすることがあります。

また、「内向型人間」の人は、自分を積極的にアピールしたり、ネットワーキングを積極的に行うことに苦手意識を持つことが多いです。一般的なキャリア戦略では、自己PRや面接でのアピールが重要視されますが、「内向型人間」はそれをストレスに感じ、無理に自己アピールすることで、もしくはそのことを想像するだけで、心理的な負担を感じてキャリアを前進させる一歩を踏み出すことが難しくなる場合もあります。

「バランサー人間」や「奉仕型人間」の人は、気づけば色々な仕事を抱えている状態になっていることが多く、第3章で詳しく述べる「ゼネラリストで強みがわかりにくく、キャリアの目標を立てにくい」という悩みを持つ人が多いです。

それに、「16Personalities」などで自己分析を行うまではよいのですが、具体的にどのように行動したらいいかがわからなければ何も変わりません。そもそも、自分を知るだけでは不十分なのがキャリア戦略の難しさでもあるのです。自分の強みは相対で決まるものであり、評価は他者がするものだからです。

4 「現在」と「未来」はわからないことだらけ

市場環境が大きく変わる今日において、未来を想像することはどんどん難しくなっています。それと同じくらい、自分の現在地を把握することも難易度が高いです。

自分の本当の強みや可能性を知ることですら難しいのに、他者や市場を知った上で、自分の現在地を認識する必要があるからです。でも、安心してください。たった1つ変わらないものがあります。それが「過去」です。

目標を定めてから、達成するために最適な方法を考える従来のやり方よりも、過去を正しく捉え、自分が既に持っている光（価値）から検討を始める方が、確度の高いキャリア戦略をつくることができます。

決して、「できる範囲の未来だけ目指せばいい」というメッセージではありません。むしろ、気づかなかった可能性に気づき、今よりも未来にワクワクするはずです。

この手法で実際にこれまでキャリアデザインに関わった方々からは、
「何もないと思っていた自分の経歴に花が咲いた」
「やってきたことに胸を張ることができた」

「キャリアのつながりを感じることができた」

というお声をたくさんいただいています。

それでは、過去からキャリアを捉える具体的なステップをご紹介していきます。

5 キャリア戦略＝「理論×あなた」

キャリア戦略は、「理論」と「あなた自身」の掛け合わせで成り立ちます。戦略の基盤となるのが「理論」であり、その土台を支えるのが「知識」です。そして、その理論を実際の場面でどのように活用し、行動に落とし込むかが「戦略」となります。

本書で提案するキャリア戦略のフレームワークは、次にご紹介する代表的なキャリア理論をベースに構築されています。

理論1 キャリア構築理論（提唱者：マーク・サビカス）*1

人生における様々な経験や選択は、単なる偶然の積み重ねではありません。キャリアは、個人の価値観や人生の物語を通して主体的に構築されていくものだとする理論です。重要なポイントは次の3つです。

- 過去の経験を「物語」として捉え直す
- その過程で自己の価値観を明確化する
- 現在と未来をつなぐ意味を見出す

理論2 プロティアン・キャリア理論（提唱者：ダグラス・ホール）*2

ギリシャ神話の変幻自在の神「プロテウス」にちなんで名付けられたこの理論は、現代の変化の激しい環境において特に重要性を増しています。キャリアを「しなやかに」デザインするための核となる考え方は次の3つです。

- 環境変化に応じて柔軟に形を変えられる適応力
- 自分の価値観を軸とした意思決定
- 継続的な学習と成長への意欲

理論3 計画的偶発性理論（提唱者：ジョン・クランボルツ）[*3]

予期せぬ出来事をキャリアの転機として活かす力を重視する理論です。次の5つのスキルが重要とされています。

- 好奇心：新しいことに興味を持ち、学び続ける
- 持続性：困難に直面しても努力を継続する
- 楽観性：予期せぬ出来事を前向きに捉える
- 柔軟性：変化に適応し、柔軟に計画を見直す
- 冒険心：不確実な状況に対するリスクテイク

理論4 バウンダリーレス・キャリア理論（提唱者：マイケル・アーサー）[*4][*5]

組織の境界を超えて構築される「自由なキャリア」の概念を提唱しています。成功のための重要な要素として次の事柄が挙げられます。

- 組織に依存しない専門性の構築
- 業界横断的なネットワークの形成

・変化に適応できる柔軟なマインドセット

これらの理論は、キャリアを考える際の「地図」のようなものです。しかし、地図があるだけでは目的地にたどりつけません。そこで重要になるのが、「あなた自身」。つまり、「あなた」を構成する要素」である次の３つです。

①事実：これまでの経験（やったこと）と、その結果として得られた能力（結果を出す力）を整理します。
②特性：好きなこと、得意なこと、ストレスを感じることを明確にします。
③価値観：過去に違和感やモヤモヤ、ストレスを感じた場面を振り返り、自分の大切にしている価値観を抽出します。

まずは「①事実」と「②特性」の整理からはじめましょう。「③価値観」はキャリア選択をする際の羅針盤となる重要な要素ですが、具体的な整理の方法については第３章で解説します。

【参考文献】
1. Savickas, M. L. "Life Design: A Paradigm for Career Intervention in the 21st Century", J. Couns. Dev, (2012) 90, 13-19
2. Hall, D. T. "The Protean Career: A Quarter-century Journey", J. Vocat. Behav., (2004) 65, 1-13
3. Krumboltz, J. D. "The Happenstance Learning Theory", J. Carrer Assess., (2008) 17, 135-154

4. Arthur, M. B., & Rousseau, D. M. (1996) "The Boundaryless Career: A New Employment Principle for a New Organizational Era"
5. DeFillippi, R. J., & Arthur, M. B. (1994) "The Boundaryless Career: A Competency-based Perspective", J. Organ. Behav., (1994) 15, 307-324

6 「過去」から現在地と未来がわかる

(1) やってきたこと(経験)を分解して「ピース化」する

キャリア戦略を練る最初のステップは、やってきた過去の経験を分解することです。**出来事に対する解釈は複数ありますが、起こった事実そのものは1つだからです。**まずは、その揺るがない事実(やってきたこと)を書き出すことが重要です。

経験を分解したものを、「ピース」と呼びます。ピースは細かければ細かいほど、将来のキャリアデザインにおいて多様な選択肢を描けるようになりますので、できる限り細かく分解します。

例1 営業職

営業職の場合、「法人向け提案営業（新規開拓および既存深耕営業）」と一行でまとめがちですが、これでは全体の概要を示すに過ぎません。この一行をさらに細かく分解することが重要です。

同じ営業職でも、会社によってその役割や定義は異なります。ある会社ではインサイドセールスとフィールドセールスが分かれているかもしれませんし、他の会社では一人の営業がインサイドセールス、フィールドセールス、カスタマーサクセスまで一貫して担当することもあります。ターゲット顧客が中小企業か大企業か、有形商品か無形サービスか、さらにはその商品の価格帯によっても営業の手法は変わります。

- **役割：営業活動から導入後のフォローまで一貫して担当**
- **販売商品：飲食店向けの決済システム**
- **ターゲット顧客：中小飲食店舗**
- **業務内容**
  - ▼**リード獲得**：市場調査・ターゲティング、展示会・セミナー参加、架電・DMアプローチ、ウェビナー企画
  - ▼**商談**：事前調査、ニーズヒアリング、提案資料作成・プレゼンテーション

▼**契約**：条件交渉、見積書作成、契約書締結、各所調整業務
▼**フォロー**：導入支援、操作説明、他部門との調整、満足度ヒアリング、他商品の提案
▼**マネジメント（最大5名）**：チームKPI策定・モニタリング、育成

例2 採用業務

採用業務のように、それ単体でピースに見える業務に携わっていた場合も、「採用（中途採用）」と一言で終わらせるのではなく、そのプロセスを細かく分けて書き出します。

・**役割：中途採用全般（ビジネス職・エンジニア職）を担当**
・**使用媒体：○○、△△、○○、△△**
・**業務内容**
▼**採用戦略立案**：採用目標の設定、採用ターゲットの明確化、選考ステップと内容設計、採用チャネルの選定、採用数値分析・改善
▼**母集団形成**：求人票作成、媒体運用、ダイレクトリクルーティング、エージェント応対、採用イベント企画・運営、採用広報
▼**候補者対応**：書類選考、結果連絡・調整、面接対応、各部門調整、オファーレター作

成、入社手続き

例3 店長業務

店長業務は、仕事内容が多岐にわたります。アパレルの店長の例を見てみましょう。

- **接客・販売**：来店客への接客、クレーム応対
- **商品ディスプレイ**：店内ディスプレイの作成・変更
- **販売促進**：イベントやキャンペーン企画・実施、ＳＮＳやＷｅｂサイトでの集客活動
- **売上管理**：日次・月次の売上集計、売上目標の設定と管理

さらに、店長としての経験には、採用や在庫管理、勤怠管理といった業務も含まれているかもしれません。これらも漏らさずに分解し、すべてを書き出しておきましょう。

この工程で大事なことは、主業務以外にも、やったことがあるものについては全て書き出すことです。

例えば、「新卒採用の時期に、通常業務に加えて会社説明会やインターンシップの運営に参加」

ということもあるでしょうし、「自主的にプロジェクトを発足させて、社内DXに取り組み、様々なITツールの選定・運用を実行」ということもあるかもしれません。

本業以外に、副業やプロボノ（専門的知識・経験に基づくボランティア活動のこと）での活動経験がある方は、それも全てピース化しましょう。

すべての経験を分解し、ピース化し終えたら、次のステップに進みます。

(2) ピースに「好き／得意／ストレス」ラベルを貼る

次は、分解したピースに「ラベル」を貼っていきます。

ラベルの種類は3つ。**①好き　②得意　③ストレス**　です。それぞれの定義を説明します。

> ①**好き**：やっていて夢中になれること、ワクワクを感じること。
> ②**得意**：周りから感謝されたり、苦労せずにできること。結果を出せるイメージが持てること、実際に結果が出たこと。
> ③**ストレス**：できるようになりたいとも思えないこと。

・ラベルを貼る時のポイント

- **ラベルはいくつでも重ねていい**：1ピース1ラベルという決まりはありません。該当するもの全てを貼りましょう。
- **ラベル無しのピースもある**：全てにラベルを貼らないといけないわけではありません。「仕事だからやっているが、好きでも得意でもストレスでもない」というものも存在します。
- **過去のラベルは、当時と今でラベルを貼る**：当時で考えると貼れるラベルはないが、今なら「得意なこと」というケースがあります。当時と今で列を分けてラベルを貼ります。

同じ業務だったとしても、会社が変われば、ラベルが変わることがあります。

例えば、A社では「ユーザーインタビュー」が得意だったのに、B社ではストレスに感じたという場合です。この場合、環境要因（上司との相性や人間関係など）が影響していることが多いです。こうしたラベルの違いに気づいたら、ユーザーインタビューの仕事は、本来は自分にとって「得意なこと」に戻すことができるかもしれません。

このように、環境要因から生まれるネガティブな感情やうまくいかなかった記憶によって、ラベルが実態に即して正しく貼られないことがあります。**最終的にラベルは、「ピースそのもの」につけられている状態にしましょう。**

（1）やってきたこと（経験）を分解してピース化

（2）ピースに「好き／得意／ストレス」ラベルを貼る

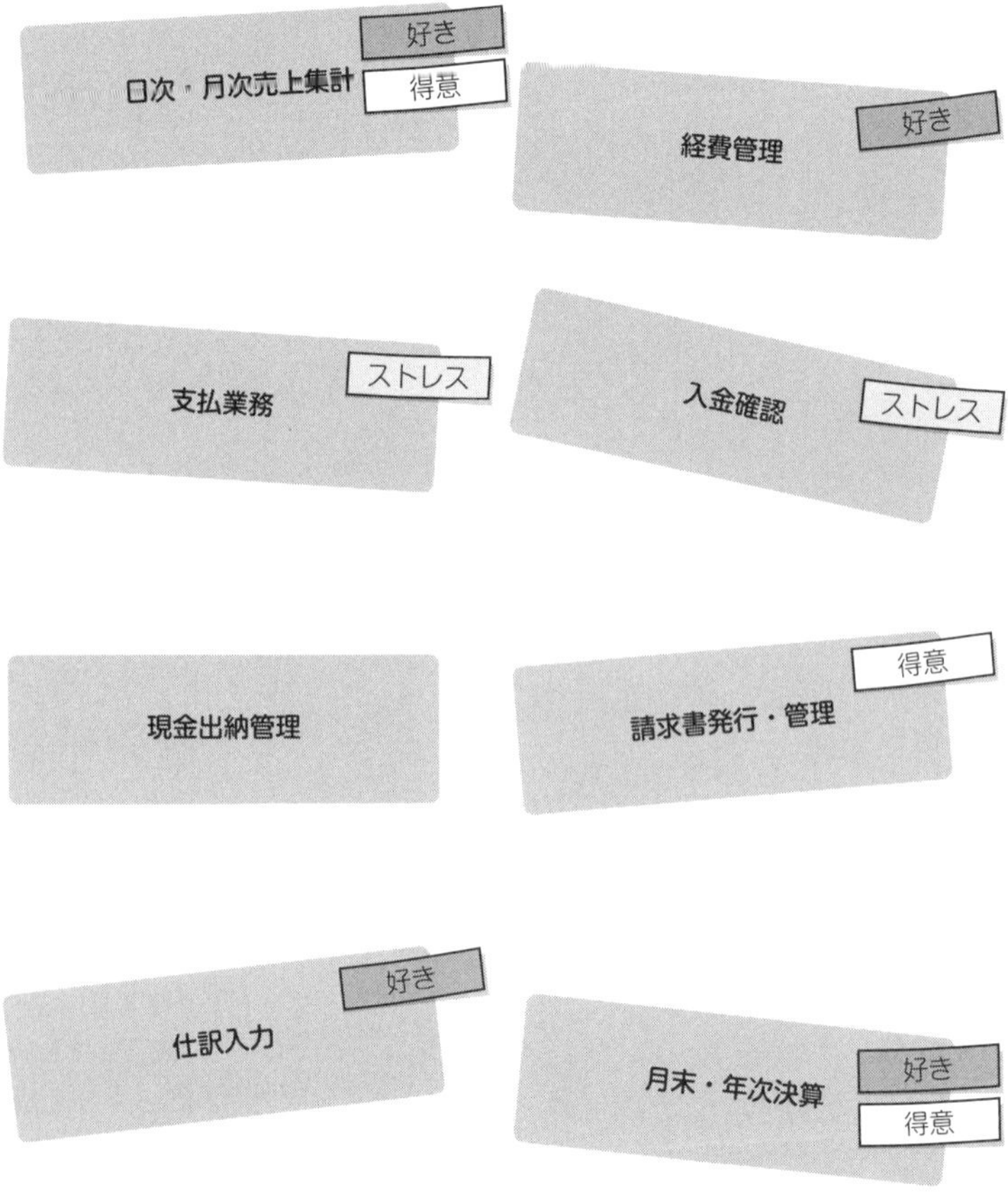

このステップを経ることで、自分の経験をより深く理解し、キャリア戦略をより効果的に練ることができます。

ただ、ラベルの中には注意の必要なものがあります。

(3) 曲者ラベルの対処法

「得意」と「ストレス」のラベルは、キャリア戦略において非常に重要な役割を果たしますが、正しく貼るのが難しいラベルでもあります。詳しく説明していきます。

・「得意」のラベルが貼れない時の対処法

「私よりもっとできる人はいるし、得意といえるものはない」と感じてしまい、「得意」のラベルを1つも貼れない人がいます。これは非常によくあることです。しかし、自分が得意と感じていないことでも、他者から見るとあなたの強みである場合があります。こうした自己評価と他者評価のギャップを埋めるために、次の方法を試してみてください。

対処法1 一緒に働いたことがある人にラベルを貼ってもらう

自分では気づけない強みや得意なことを他者に見つけてもらうために、過去に一緒に働いたことがある同僚や上司にフィードバックをもらいましょう。実際に、社内のワークショップでこの方法を試したことがありますが、参加者は自分の認識と他者の認識に大きなギャップがあることに気づき、驚いていました。

自分では「特別なことではない」と思っている業務でも、周りからは「この人はこの分野で非常に優れている」と評価されていることがあります。**自分が見過ごしている得意なことが、他者からのフィードバックで明らかになる**のです。

対処法2 課題解決や成功体験の振り返りを行う

過去に課題を発見し、それを解決した経験や、具体的な結果を出した経験を振り返ります。その際、どのようなプロセスをたどったのかを作業ベースで洗い出していきます。成功したプロセスを振り返ることで、それが「得意」としてラベリングできる要素であることがわかるでしょう。

・「ストレス」と「苦手」のラベルが混ざってしまう時の対処法

「ストレス」と感じることと「苦手」と感じることは似ていますが、必ずしも同じではありません。この違いを理解し、適切にラベリングすることが重要です。

ストレスは「できるようになりたいとも思えないこと」と考えましょう。一方、苦手だけれど「できるようになりたい」「克服したい」と感じるものには、ストレスラベルを貼らないようにしましょう。

基本的に、ストレスラベルが貼られたものは、避けた方がいい業務です。これらは、取り組むことで苦痛を感じるだけでなく、モチベーションやパフォーマンスの低下を引き起こす可能性があります。

ただし、キャリア戦略上、「克服した方がよいストレスな業務」も存在します。例えば、そのタスクが将来的に必要不可欠なスキルを習得するためのものであったり、キャリアの選択肢を増やすために避けられないものであれば、ストレスのラベルを貼るのは避け、意識的に挑戦することも選択肢の一つです。この場合は、ストレスを感じる要因を明確にし、改善策を考えながら取り組むことが重要になります。

このように、「ストレス」と「苦手」を区別し、正しくラベリングすることで、キャリアを進めるうえでの指針がより明確になります。**ラベルの正確性が、キャリア戦略の精度を上げますので、丁寧に行いましょう。**

・ラベルの整理で判断に迷ったら

①ストレスラベルにした理由を、ピースごとに書き出してみる
②好きのラベルで得意がついていないピースがあれば理由を考える
③似たピースでラベルの違うものを探して理由を考える

7 ラベリングで見えてくる確かな自分の強み

ピースにラベルを貼り終えたら、次に進みましょう。

・ピースに貼ったラベルからわかること

- **ラベルなしのピース**：仕事だからやるけど、特に好きでも嫌いでもないこと
- **好き×得意のダブルラベルピース**：最も価値を発揮できること
- **得意ラベルピース**：価値を発揮できること
- **ストレスラベルピース**：なるべく選ばない方がよいこと

ピースの分類が、あなたのキャリアを導き出す基本戦略になります。**基本戦略は、「価値発揮できるものを中心に置き、ストレスを排除する」**です。今あるピースを組み合わせると、どんなキャリアが描けるでしょうか？

その中で**好きで得意なピースを組み合わせるとどうなるか、ぜひ考えてみてください**。これが、今のままで選べるキャリアです。

次に、どんなピースを足すとキャリア選択肢が増えるかを考えてみましょう。具体的なピースの足し方は第5章の①で詳しく解説します。

ラベルが変わることで選べるキャリアが増えることもあります。好きなものが得意とは限りませんし、得意なものが好きとは限りません。「好きなものを得意にするにはどうすればいいか」「得意

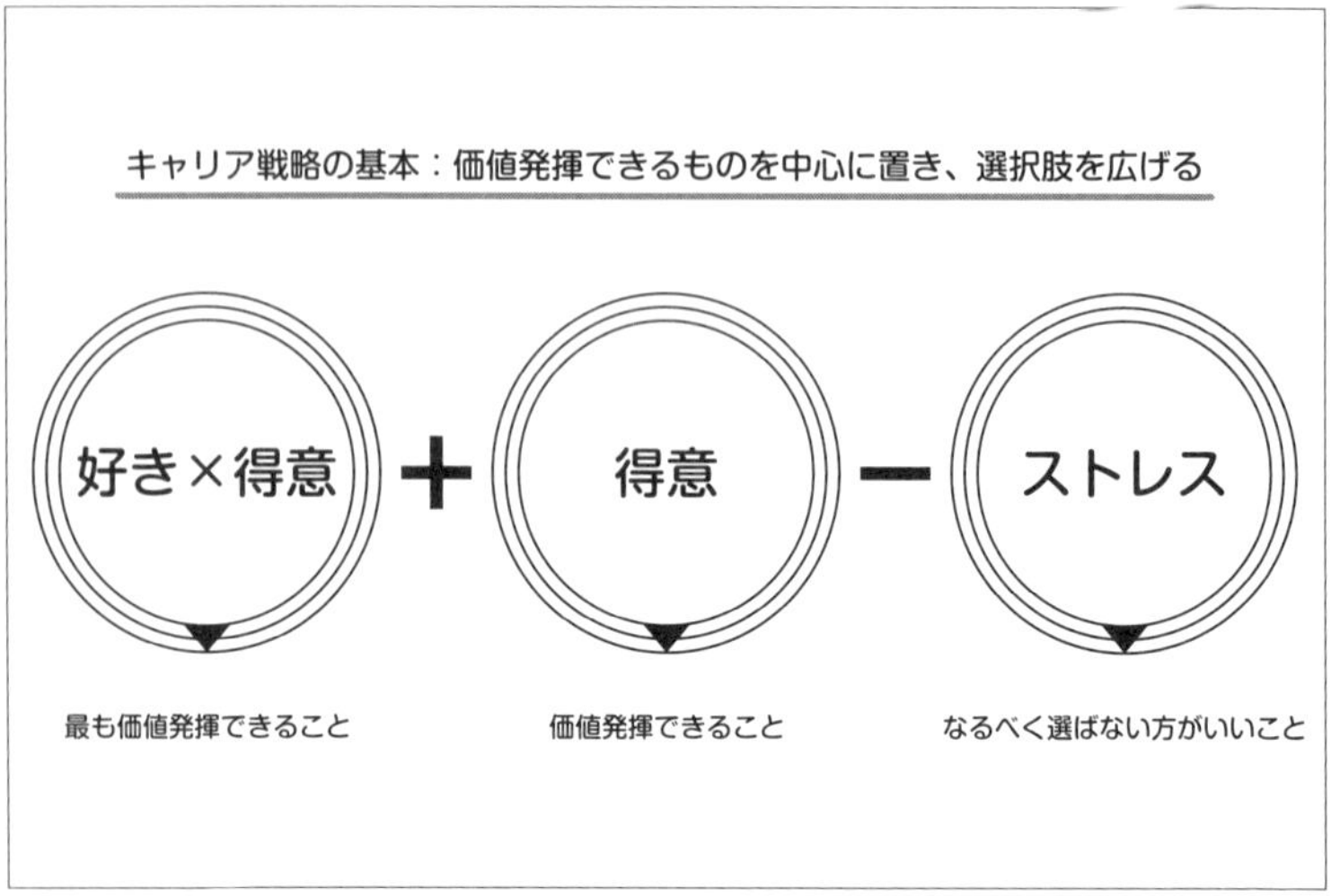

なものを好きになるためには何が必要か」を考えることで、「好きで得意なラベル」に変わる可能性が十分にあります。

ただし、基本戦略と伝えた「価値発揮できるものを中心に置き、ストレスを排除する」には例外があります。短期的なキャリア成長（やれることを増やして経験を積むこと）を最優先する場合、前記に反する選択が、長期的にいいキャリア選択となることもあります。

私の場合、労務事務は苦手を通り越してストレスであることはわかっていましたが、人事としてのキャリアを強固なものとするために、労務の実務経験を積むことは避けて通れないと考えました。そのため、社会保険労務士事務所で2年間修行しました。文字通り修行でしたが、「労務がわかる採用の人」は市場にとても少なく、私の強みの1つになっています。

また、この整理を通じて重要なのは、客観的に物事を捉えるメタ認知力を上げることです。もし今、うまくいかないと感じていることがあるとしたら、

- 好きと得意が重なる部分が少ないのかもしれない
- 自分にとってストレスな要素が増えているのかもしれない

といったように、あえて疑問視して整理できれば、落ち着いて前へ進めるでしょう。

8 「再現性のある能力」を知る

ここまでで、経験の分解（ピース化）とラベリングによる整理を進めてきました。これらのピースは、過去の経験が採用側の求める職務内容にどれだけ類似しているかを示す材料となり、就職活動でなら書類選考を通過しやすくする要素となります。しかし、面接では「再現性」がより重要な要素として評価されます。

採用側は「この候補者は、うちの会社でも活躍できるか」を見ています。そのため、過去の成功

を新しい環境でどのように再現できるかを示す必要があります。ここでは、再現性を示すための整理の仕方について説明します（なお、面接は企業と候補者の双方がお互いを知る場です。第5章では、候補者が企業をどのように見極めるべきかについても触れます）。

・ポイントは「実績」と「エピソード」

整理されたピースの内容を示すだけでは、面接官にはうまく伝わりません。**例えば、「コミュニケーション力」という抽象的な表現でなく、その能力がどのような場面でどう発揮されたのかを明確にすることが重要です**。

また、よく見られるケースとして、「MVP受賞」「目標達成率100％」といった結果だけをアピールして終わってしまうことがあります。しかし、この情報だけで能力を正確に評価することは難しいです。例えば、MVPが多くの人に授与される賞だったり、全体の目標達成率が平均して高かったりすると、その結果だけではあなたの能力を十分にアピールできません。

ポイントは次の2つです。

ポイント1 能力を示す実績を具体化する

単に結果を示すのではなく、その結果がどのような意味を持つのかを明確にすることが重要です。例えば、「ＭＶＰ受賞」なら、「全社員の中でトップ５％に入る成績を収め、ＭＶＰを受賞」や、「前年比１５０％の売上を達成し、部門全体で唯一のＭＶＰを受賞」といった具合に、結果の背景や意義を説明します。

ポイント２　再現性を示すエピソードを用意する

能力を裏付けるエピソードを、次の要素を含めて整理します。

- **直面していた課題**：どのような状況だったか
- **具体的な行動**：どのようなアプローチをとったか
- **工夫したポイント**：なぜそのアプローチを選んだか
- **得られた成果**：具体的にどのような変化があったか
- **学んだこと**：他の場面でも活かせる気づきは何か

目標数字を持たない業務や、結果を数字で示すことが難しい場合は、「改善」や「解決」をテーマにして再現性を示すことが効果的です。

例えば、

「新入社員の離職率が高く、結果として全体の生産性が低下していた。そこで社内ヒアリングを実施し、入社後のオンボーディングプロセスに問題があることが判明。人事主体の研修プログラムと、現場でのサポート体制を見直すことで、定着率と生産性が向上した」といった具体的なエピソードを用いることで、同様の成果を他の環境でも再現できる能力を証明できます。

これらのアプローチを通じて、「再現性のある能力」を言語化することができます。これにより、面接時のアピールだけでなく、この能力を活かしてどのようなキャリアを築いていくか、次のステップを考える材料にもなります。

ここまで、キャリア戦略を考える上での基本的な考え方と、その具体的なステップについてお伝えしてきました。過去の経験をしっかりと振り返り、そこから得たスキルや知識を整理することが、未来に向けたキャリア戦略を立てる上での強力な武器になります。過去に焦点を当てることで、自分がすでに持っている光（価値）を見つけ出し、それをもとに未来の選択肢を広げることができるのです。

次章では、ゼネラリストとしてのキャリアに焦点を当て、専門性にとらわれない広範なスキルセットが、いかにしてキャリアの選択肢を広げるかについて詳しく解説します。ゼネラリストであることに不安を感じている方々にも、自信を持ってキャリアを築いていくための具体的な戦略をお伝えします。

第2章まとめ

キーポイント

- キャリアの価値は「掴めるキャリア選択肢の多さ」で決まる
- 経験と能力は異なるものであり、区別して考える
- 過去の経験を細かく分解し、ラベリングをすることでキャリアのコアがわかる
- 能力においては、再現性を示すことが大切

実践に向けて

- 過去の経験を細かく分解してピース化する
- 各ピースに「好き」「得意」「ストレス」のラベルを付ける
- 過去の実績から能力を示す
- 結果を出したプロセスを具体的に言語化する

「レインボー」モデルと呼ばれています。

例えば、「子ども」の役割は人生の初期に最も大きな弧を描き、年齢とともに小さくなっていきます。一方で、「労働者」や「親」の役割は、成人期に大きな弧を描き、その後徐々に小さくなっていきます。これらの弧が重なり合うことで、人生の各段階で複数の役割を同時に担っている様子が視覚的に理解できるのです。

この虹のような表現方法により、キャリアが単一の直線的な道筋ではなく、様々な役割が織りなす複雑で多彩な過程であることが一目でわかります。また、各役割の重要性が時間とともに変化する様子も明確に示されており、キャリア発達の動的な性質を効果的に表現しています。

スーパーは、ライフステージの変化に伴い、ライフロールも変化することを的確に捉えており、ライフステージを5段階に、ライフロール（役割）を8つに分けています。

スーパーのライフステージとライフロールの分類

①成長段階（0～14歳）
→　②探索段階（15～24歳）
→　③確立段階（25～44歳）
→　④維持段階（45～64歳）
→　⑤解放段階（65歳以上）

・子ども　・学生　・余暇人
・市民　・労働者　・家庭人
・配偶者　・親

これらの役割には様々な特徴があります。

連続して継続するもの（例：市民）、不連続に途切れたり再開したりするもの（例：学生、労働者）、複数の役割を同時に満たすこともあります。

キャリア発達理論は、現在でも多くのキャリアカウンセリングや職業指導の基礎として重要視されています。生涯発達的視点や自己概念の重要性は、現代のキャリア支援においても中心的な概念として扱われています。

Column

キャリアは生涯の旅　ドナルド・E・スーパーのキャリア発達理論

社会が発達していくに従い、静的なキャリア理論では表現しきれない部分が出てきました。すなわち、環境の変化により個人の特性、職業の特性が変化する社会となったのです。

1950年代になると、ドナルド・E・スーパーがキャリアを生涯にわたる発達過程として捉えたキャリア発達理論を提唱しました。スーパーは、キャリアを人生の特定の時点での選択ではなく、生涯を通じて発展し続けるプロセスであるという捉え方をしました。この理論の中で、有名な「ライフキャリアレインボーモデル」を提唱しています。

スーパーが提唱したライフキャリアレインボーモデルは、その名前が示す通り、虹のような弧を描いた図で表現されます。この視覚的な特徴が、モデルの本質を巧みに表現しています。

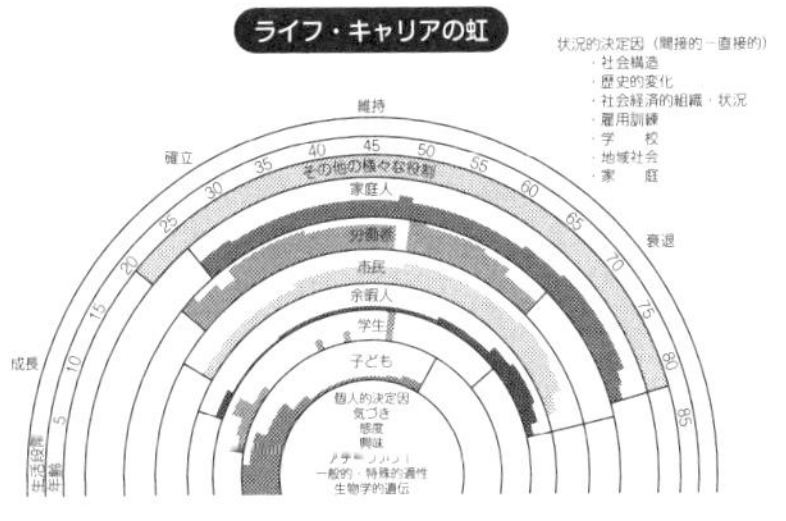

〈上手で概念図化された、ある男のライフ・キャリア〉
「22歳で大学を卒業し、すぐに就職。26歳で結婚して、27歳で1児の父親となる。47歳の時に1年間社外研修。57歳で両親を失い、67歳で退職。78歳の時妻を失い81歳で生涯を終えた。」

出典　文部省『中学校・高等学校進路指導資料第1分冊（平成4年）』をもとに作成

人生の年齢を横軸に、各ライフロールの重要度を縦軸にとり、それぞれのロールが年齢とともにどのように変化するかを、弧を描いて表しています。これらの弧が重なり合って虹のような多層構造を形成することから、

第3章

「取り柄がない？」ゼネラリストのキャリア戦略

第２章では、キャリア戦略の基本として、過去の経験を細かく分解し、「ピース」として整理する方法を紹介しました。しかし、この作業を通じて「取り柄がない」と感じてしまったり、「自分はゼネラリストだから専門性に欠ける」と悩む人が出てしまうかもしれません。本章では、そうした不安や誤解に対処し、ゼネラリストとしてのキャリア戦略をどのように築くかを考えていきます。

1　ゼネラリストが生まれる理由と抱える悩み

ゼネラリストは、意図的に目指してなったわけではなく、状況に応じて自然にそうなってしまったケースが多いです。器用に様々なことをこなせる「バランサー人間」タイプや、人を支えることが好きなホスピタリティが高い「奉仕型人間」タイプの人は、特定の専門分野に絞らず、結果的に幅広い役割をこなすゼネラリストになりやすいです。また、会社のフェーズが浅い場合、一人で複数の業務をカバーしなければならない状況もあり、これもゼネラリストを生む要因です。

こうしたゼネラリストの方には、次のようなキャリアの悩みが生じやすいですが、その悩みは裏を返せばメリットを秘めています。どういうことか見ていきましょう。

（1）「広く浅く」の不安

「色々やってきたので、これといったキャリアがありません」という相談をよく受けます。ゼネラリストになりたくて様々なことに挑戦してきたという人は少なく、大抵は「結果としてゼネラリストになっていた」というケースが多いのは先ほど述べた通りです。この状態に対して多くの方が「広く浅くの職務で専門性がない」と悩みますが、それは必ずしもキャリアの弱点ではありません。

むしろ、**ゼネラリストとしての強みを活かすことができれば、キャリアの選択肢は無限に広がりま**

す。

（2）「専門性」についての誤解

専門性が高いキャリアを選ぶことが、キャリアにおいて最善の道と見られがちですが、そうとは限りません。専門性が高い集団の中でキャリアを積んでいくことは魅力的に見えるかもしれませんが、1つの領域で突き抜けられる人はごく稀です。

また、**専門性に固執しすぎることで、キャリアの選択肢を狭めるリスク**もあります。専門性の高いスキルは特定の分野では強みになりますが、その分野を離れた場合、他のスキルとの掛け合わせが不足し、柔軟性が欠けやすくなります。つまり、選べるキャリアが限られる可能性があるということです。

例えば、ある人は「専門性を高めたい」という理由でエンジニア職を選びました。しかし、同じくエンジニアとして働く同僚たちが、休日でもプログラミングに没頭し、それを楽しんでいる姿を見て、「自分にはそこまでの情熱はない」と感じました。さらに、「あなたの書くコードは美しくない」と指摘され、次第に自信を失い、最終的にはキャリアチェンジを決意した――専門性に固執するとこのような事態もあるのです。

専門性が高いキャリアは、汎用性のないキャリアでもあるのです。仮に、その職業が合わなかった場合、次の選択肢に悩む人も少なくないため、ゼネラリストの方がキャリアに幅があると言えます。

ただし、ゼネラリストは次のような悩みを持つことがあります。

会社の成長フェーズが進んで人数が増えると、専門の部署をつくって組織を細分化する会社がほとんどです。そうなると、それぞれの専門性をもった人材が採用されることになります。その時に、「私の活躍できる場所はもうないのかもしれない」と不安に感じてしまうのです。

しかし、ゼネラリストとしての価値が失われるわけではありません。むしろ、専門部署が増えることで、それらを横断的に支えたり、部門間の連携を強化したりする役割が求められることが多くなります。ゼネラリストならではの広い視点や柔軟性を活かすことで、組織にとって不可欠な存在であり続けることはできます。

2 実はゼネラリストが最強である理由

ゼネラリストが持つ強みとは、幅広い知識と経験を活かして、多様な業務に対応できる点にあります。

第2章で、これまでやってきたこと（経験）を分解したものを「ピース」と呼びました。ピースがたくさんあればあるほど、描ける未来のバリエーションは増えます。ゼネラリストは、ピースを組み合わせて、様々なキャリア戦略を描くことができると言えます。

ゼネラリストであることは、特定の専門性がないということではありません。むしろ、多様なスキルセットを持ち、多くの場面で価値を発揮するポテンシャルを持っているといえます。

例えば、ゼネラリストには次のような強みが備わっていることが多いのです。

- 複数の経験から本質を見抜き、新しい状況でも適切な行動を取れる抽象化力
- 様々な部門や立場の視点を理解した上で全体最適を考えられる俯瞰力
- 異なる専門性を持つ人々の「通訳」となれるコミュニケーション力
- 複数のタスクやプロジェクトを同時進行で管理するマルチタスク力

ただし、1つ注意が必要です。状況的にいろんな役割を担わざるを得なかったタイプの方は、その方がパフォーマンスを発揮しやすいのか、どれかに絞った方が価値を発揮しやすいのかを考える必要があります。

すなわち、**次のキャリア選択において、その幅広い役割が自分のパフォーマンスを引き出すのか、それとも特定の分野に絞った方がよいのかを見極めることが重要なのです。**

3 ゼネラリストの強みを打ち消さない工夫

ゼネラリストは、「自分の経験と強みを相手にうまく伝えられない」状態を避けることが大切です。「なんでもできる」「幅広く対応できる」という表現は、一見魅力的に思えますが、「何が具体的にできるのか」を相手に伝わりにくくしてしまうことがあります。せっかく多くのピース（経験）をもっているのに、「何ができる人なのかがわからない」と評価されてしまうのは非常にもったいないです。

例えば私の場合、スタートアップ企業でエンジニアリング以外の幅広い業務を担当していたので、「カスタマー対応やアンバサダーコミュニティーの立ち上げ、オウンドメディアの立ち上げ、人事機能の立ち上げなど、実務含めて幅広くやってきました」と伝えることもできるのですが、応募先の企業が機能を細分化している場合、「うちの会社ではそこまで幅広くやることはない」と思われたり、「色々できそうだけど、何をお願いするのがいいのだろう」と迷わせてしまう可能性があります。

ゼネラリストは経験が多い分、解釈の幅も広がるため、その解釈を相手に任せすぎないことが肝心です。経験をただ羅列するのではなく、相手の企業が必要とする経験や能力をピンポイントで示し、どの場面で価値を発揮できるのかを明確に伝えることが成功への鍵となります。

4 職種の概念（職種ラベル）に縛《しば》られないキャリア戦略

ゼネラリストはピースを多く保有しているため、それらを組み合わせることで多様なキャリア戦略を描くことができるとお伝えしました。しかし、それを阻害する要因となるのが、「職種ラベル」です。

（1）職種ラベルの利点と限界

「職種」は、とても便利な概念です。職種の概念があることで、仕事のイメージを即座に共有することができます。「英会話教室で講師をしています」と言われて、その人が経理を担当しているなど、実際と大きく異なる仕事内容を想像する人はほぼいないでしょう。

このように、職種ラベルは仕事のイメージを共有する上で便利ですが、同じ職種でも会社によって求められる役割やスキルが異なることがあります。つまり、「講師」という職種ラベルがついていても、その仕事内容は一律ではありません。

例えば、ある講師は「決まった教材に沿って教える」ことが主な役割である一方、別の講師は教材の開発や営業、チューター業務を兼務していることもあります。また、役職が上がれば、売上管理や採用、シフト管理など、さらに多岐にわたる業務を担当する場合もあります。

「講師」について具体的にピース化してみましょう。

- 学習指導とサポート
- 教材開発やカリキュラム作成
- 集客施策の立案と実行
- 反響営業
- スタッフの採用や育成
- スタッフのシフトや勤怠管理
- 売上管理

ピースにすると、講師の仕事には「教える」という役割以外にも、企画、マーケティング、営業、採用、管理といった多岐にわたる要素が求められていることがわかります。この業務の広さはまさに、色んな可能性をもったゼネラリストです。しかし、職種ラベルだけで考えると、これらすべてが「講師」という一言にまとめられてしまいがちです。この状態で他の職種にチャレンジするのは、相手に自分のスキルを十分に伝えきれないため、実現の難易度が高くなってしまいます。

(2) 職種ラベルに縛られずピースを再構成

キャリアを築く上で重要なのは、職種ラベルに縛られず、自分がどのような経験やスキルを持っているのかをしっかり認識し、それを他の分野でも応用できるようにすることです。

例えば、講師の経験から得たスキルや能力は、他の職種にどのように転用できるでしょうか。集客施策の立案や反響営業の経験は、マーケティングや営業職でのスキルとしても活かせます。さらに、スタッフの採用や育成の経験は、人事やマネジメントの分野でも役立つでしょう。

このように、**職種の枠を超えて自分の経験や能力を再評価することで、新たなキャリアの可能性が広がります。**職種ラベルに縛られることなく、自分が持っている多様なスキルや経験を活かし、より広い視野でキャリアを考えていくことで、キャリア選択肢を最大化することができるのです。

5 ゼネラリストの強みを最大化する

ゼネラリストが、多様な可能性を持っていることはおわかりいただけたと思います。そもそも、

仕事において様々なボールを拾えることや、業務を広くカバーできることは当たり前のことではありません。それ自体が立派な能力です。ゼネラリストとしての役割を果たすスペシャリティを持っているとも言えます。

ただし、スペシャリストと比べると、ゼネラリストは「何者なのか（何ができる人なのか）」がわかりにくいこともまた事実です。これまでの経験を細かく分解したピースを使って、「どんな絵が描けるのか」を考えましょう。

描ける絵は1種類とは限りません。ピースの組み合わせ次第では、いろいろな絵が出来上がるはずです。その中から、「自分が何者かを示す絵」を選ぶのです。

細かいピースがたくさん入ったパズルセットをいきなり渡されても、どんな絵が描けるかはわからないですよね。わからなければ、判断ができません。判断ができない時、「わからないから面接で聞いてみよう」「ひとまず任せてみよう」とは、残念ながらなりません。まずは自分自身でしっかりと絵を描き、それを相手に伝える準備が必要です。

経験のピースを整理し、自分がどのような絵を描けるのかを具体的に示すことで、ゼネラリストとしての強みを相手にしっかりと伝えることができるのです。そうすれば、相手もあなたが何者であり、どの場面で価値を発揮できるかを理解できるようになります。

広く様々な経験を積んできたことに不安を感じるかもしれませんが、その多様な経験こそが大きな強みです。ゼネラリストだからこそ持っている多様な可能性を活かし、これからのキャリアをデザインしていく準備を始めましょう。

第3章まとめ

キーポイント

- ゼネラリストには独自の価値と可能性がある
- 経験やスキルを再整理することで他分野に挑戦できる
- 自分の強みを明確に伝えることが成功の鍵となる

実践に向けて

- 自分の経験を多角的に見直す
- 経験のピースを組み合わせて職種の枠を超えた可能性を探る
- 自分が何者かを語れるようになる

ライフテーマがキャリアの核となり、職業的パーソナリティとキャリア適応力は経験や環境に応じて変化・適応していくものとされています。

さらに、キャリア適応力は、以下の４つの要素から成り立っています。

1. **関心**：将来を見据えたキャリア準備
2. **コントロール**：キャリアを主体的に決定する力
3. **好奇心**：新しい可能性を探求する姿勢
4. **自信**：課題へ対処し、実行する力

これらは相互に作用し、総合的にキャリア適応力を形成します。グローバル化や雇用の流動化が進む現代では、キャリア適応力がますます重要になっています。

キャリア構築理論では、ナラティブアプローチを用い、個人の経験を物語（ナラティブ）として整理し、キャリアの意味を見出すことを重視します。社会的・文化的背景の影響も考慮しながら、同じ経験でも人によって異なるストーリーが生まれる点が特徴です。

終身雇用の崩壊や働き方の多様化が進む中で、個人が自身のキャリアをより深く理解し、主体的に構築していくための枠組みとして、キャリア構築理論は大きな役割を果たしています。

Column

キャリアを物語る　マーク・サビカスのキャリア構築理論

社会の複雑化に伴い、キャリア理論も進化してきました。1990年代後半、マーク・サビカスは、従来の「個人と職業のマッチング」を重視する考え方を一新し、「キャリア構築理論」を提唱しました。この理論では、キャリアを個人のアイデンティティ形成の一部と捉え、**職業選択を「人生のストーリーを作る過程」**として考えます。

2009年のリーマンショック以降、日本でもこの考え方が注目されるようになりました。**終身雇用の変化や副業の普及**といった環境の変化により、柔軟にキャリアを築くための実践的な理論として受け入れられています。

キャリア構築理論の重要な視点は以下の３つです。

1．ライフテーマ

・個人の生き方や判断の核となる自分らしさ

・意識的・無意識的に行動基準の軸となるもの

2．職業的パーソナリティ

・職業に関連する個人の特性、興味、価値観、能力

・経験や学習を通じて変化する可能性を持つ

3．キャリア適応力

・キャリアの変化に対応するために必要な心理的準備

第 4 章

やりたいことが見つからないときのキャリアデザイン

「ありたい姿」という言葉を聞くと、遠い理想像を思い浮かべる人も多いかもしれません。しかし、本当の「ありたい姿」は、必ずしもそのようなものである必要はありません。むしろ「ありたい姿」は、あなたの心の中にすでにある大切な価値観や、日々の小さな選択の中に潜んでいます。

本章では、やりたいことが見つからない状態でも、自分の価値観や大切にしていることから「ありたい姿」を見出す方法をご紹介します。遠い理想を追い求めるのではなく、今のあなたの中にある光を見つけ、それを未来につなげていく具体的な方法を、一緒に考えていきましょう。

1 「ありたい姿」について考える

「ありたい姿」という言葉を聞くと、どのようなイメージが浮かびますか？

正直に言うと、私はこの言葉が少し苦手でした。理想の自分や成功した未来の自分を描くキラキラとしたイメージがあり、自分には遠い世界のように感じていたのです。「やりたいこと」が明確にある人じゃないと、この「ありたい姿」を描けないのではないかとさえ思っていました。

私自身が「ありたい姿」について改めて考え始めたのは、ある一言がきっかけでした。「あなたは自分のことを〝Willなし人間〟と言っているけれど、実はWillがあるよね。むしろ〝Willあり人間〟だよ」と言われたのです。

自分の認識とは大きく異なるこの言葉を受けて、なぜそう言われるのかを考え始めました。最終的に、「大切にしている価値観のことを、Willと捉えられているのではないか」と思い至りました。多くの人は職業選択の際に「やりたいこと（Doing）」を重視しがちです。しかし、実際に退職を考える理由の多くは、「ありたい姿（Being）」が守られなくなったときに生じます。つまり、「やりたいこと」が明確でなくても、「何を大切にするのか」「どんな自分でありたいか」を考えることは、キャリア選択において非常に重要なのです。

ありたい姿とは、自分の価値観や生き方を反映したものであり、心の置き場所である。そう考えると、よりしっくりきました。

もう一つ、「ありたい姿」と混同しがちなものに、「なりたい姿」があります。

- なりたい姿＝外的な成果や目標（例：「○○になりたい」「○○のスキルを身につけたい」）
- ありたい姿＝内面的な価値観や生き方（例：「どんな状況でも誠実でありたい」「挑戦を楽しめる自分でありたい」）

「なりたい姿」は将来の目標であり、達成すべき具体的なゴールを指します。一方、「ありたい姿」はどんな状況でも持ち続けたい価値観や生き方を示します。

「なりたい姿」だけを追い求めると、思い通りにいかなかったときに自己否定につながることもあります。一方、「ありたい姿」を軸にすると、目の前の環境が変わっても柔軟に対応しながら、納得感を持ったキャリア選択がしやすくなります。

社会人としての経験を積む中で、仕事を通じて大切にしたい価値観が少しずつ明確になってきました。特に子どもが生まれてからは、**「仕事が母親を奪うものだと子どもに思われたくない」「子どもに誇れる自分でありたい」「子どもたちに働くことの面白さを感じてほしい」**という価値観が、私の行動の軸になりました。

根底にあるのは、常に「目の前にいる人を最大限幸せにしたい。そのために出来ることを増やして、強くなりたい」という思い。そして、「誇りを持てる自分でありたい」という願いです。

この「ありたい姿」に基づいて、私が仕事で大切にしていることもいくつかあります。例えば、次のようなものです。

- **売上のために魂を売らない**
- **まず、面白がってみる**
- **ネガティブを振りまかない**
- **相手の中にある光を必ず見つける**
- **チームで遠くへいく**

ありたい姿は、企業でいうミッションやビジョンに近いものだと捉えられるかもしれません。そして、これらの行動指針は、日々の意思決定や行動に結びついています。それと同様に、**「ありたい姿」も、キャリアの選択肢を評価する際の羅針盤となり、日々の意思決定の基準となります。**

ありたい姿を実現する方法は仕事だけではありませんが、**キャリア選択のベースに「ありたい自**

分でいられるか」を置き続けることで、公私ともに良質な意思決定ができると考えています。

「ありたい姿」を持たずに、キャリアアップや市場価値の向上だけを追求すると、最終的に「幸せ」という本来の目的から遠ざかってしまうかもしれません。

キャリアや人生はコントロールが難しく、不確実性に満ちています。それでも、自分の価値観を理解し、それに基づいて選択を重ねることで、**「こんなはずじゃなかった！」という後悔を減らすことができる**のです。

2 「ありたい姿」を見つけるステップ

今の自分に合う「ありたい姿」を見つけることは、キャリアを考える上で重要な第一歩です。なぜなら、明確な「ありたい姿」があることで、日々の選択や意思決定の基準ができ、ブレない行動につながるからです。

「ありたい姿」を描くためには、まず自分の価値観や感情を見つけることが大切です。次の５つのステップに従って、自分の価値観や感情を掘り下げていきましょう。

ステップ1 過去に感じた違和感やモヤモヤに気づく

違和感やモヤモヤした感情は、自分が大切にしていることが脅かされていると感じた時に起こります。これらは、仕事のパフォーマンスや行動選択にも大きな影響を与える要素です。小さなことでも書き出してみてください。

例えば、次のような感じです。

- 「言われたことだけやってくれればいい」と上司に指示されてモヤモヤした場合
  ↓**脅かされた価値観：「自分で考えたい」「自主的に進めたい」**
- プロジェクトの目的を聞いたとき、「前年も同じことをやったから」と言われて違和感を覚えた場合
  ↓**脅かされた価値観：「常に改善を目指したい」「前提を疑い、より良い結果を追求したい」**

といったものです。

私は、「期待値は少し超えればそれでいい」「仕事が早すぎるのはよくない」と言われた時に強いモヤモヤを感じました。また、転職エージェント時代、自社の締め日に合わせて企業や候補者に無理なお願いをする場面で大きな違和感を覚えたことがあります。この経験から、「正しいと信じられる価値観を大切にしながら結果を出す」ことが、自分の中で重要だと気づきました。

♣ステップワーク♣

- 「この人といると気持ちがいい」「この人といるとストレスを感じる」と思う人の特徴を挙げてください
  - ○それぞれ理由も考えてみましょう
- **自分に対して「こうあるべき」だと思っていることがあれば挙げてください**
  - ○なぜそう考えるようになったのかも振り返ってみましょう

ステップ2　夢中になれた瞬間を振り返る

次に、何をしている時に一番テンションが上がり、没頭できたのかを振り返ってみましょう。**夢中になれる瞬間は、あなたが「好き」や「価値を見出している」ことを表しています。**

次のように具体的な場面を思い出してみてください。

- 新しいプロジェクトを任された時に、次々にアイデアが湧き、時間を忘れて没頭した場合
  - ↓**価値観：「クリエイティブな仕事」「新しい挑戦」**
- チームでディスカッションしながら、問題を解決していくプロセスが楽しかった場合
  - ↓**価値観：「チームワーク」「協力して問題を解決すること」**

私の場合は、採用代行事業の責任者をしていた時に採用に関する数字を分析し、科学的にアプローチすることに夢中になりました。点と点をつなげ、数字に意味を見出し、再現性のあるフレームを考えるプロセスに非常にやりがいを感じていました。また、何よりも新しいことを知ること自体が私にとって最大の喜びでした。

♣ステップワーク♣

・これまでの人生で一番努力量を投下してきたことは何ですか？

○そこまで努力できた理由を考えてみましょう。

○その結果、何が起こりましたか？

・どんな時に自分のエネルギーが高まり、行動する意欲が湧いてくると感じますか？

○特定の状況や環境を具体的に挙げてみてください。

ステップ3 感情に火がついて、行動するスイッチが入ったと自覚した瞬間を知る

これまでの経験の中で、何かの一言や出来事で突然スイッチが入り、すぐに行動を起こした瞬間はありますか？　このような瞬間を振り返ると、あなたが本当に大切にしている価値観が浮かび上がります。

例えば、こんな場面を思い出してみてください。

・「みんな困っているから何とかしてくれ」と頼まれた瞬間に、一気にスイッチが入った場合
↓**価値観：「人を助けたい」「頼られることへの価値」**
・「このままだと失敗する」と警告された瞬間に、問題解決モードに入った場合
↓**価値観：「失敗を防ぎたい」「計画的に進めたい」**

マネージャー時代、成績が伸び悩んでいたメンバーがいました。「このままだと今の等級で雇い続けるのが難しい」という宣告を会議で聞いた瞬間、何としてでも結果を出せる状態にしたいという強い決意が生まれました。その時、「自分自身が強くなり、周りの人たちを幸せにしたい。そのために、自分自身が強くなる」という根底の思いが自分の中にあることを再認識しました。

♣ステップワーク♣
・周りの人から相談を受ける時、どんなアドバイスをすることが多いですか？
・制約が一切なく、他者の目を気にしなくてよければ何をしたいですか？

ステップ４　自分が好きな自分でいられる時や、好きになれた瞬間を考える

どんな状態の自分が好きですか？どんな感情の自分が好きでしょうか。そう思えた場面を振り返りましょう。

例えば、次のような瞬間です。

- チームをリードし、全員で協力してプロジェクトを成功に導いた時
  ↓価値観：「リーダーシップ」「協力」
- 同僚や後輩から感謝された時に、「役に立てている」と実感した
  ↓価値観：「人への貢献」「サポート」

私は、目の前の人が笑顔になった瞬間に最も幸せを感じます。私にとっては、「その人が持っている可能性や光を見つけて、それを最大限に引き出し応援する」ことが自分の根底にある大切にしている価値観です。

♣ステップワーク♣

- **これまでの人生で特に楽しかった瞬間や、嬉しかった出来事をいくつか挙げてみてください**
  - 「なぜ楽しいと感じたのか」「何が嬉しかったのか」を掘り下げてみましょう。
- **「こんな自分は嫌だ」「こうはなりたくない」と思っていることがあれば書いてください。**
  - なぜそう考えるようになったのかを振り返ってみましょう

ステップ5　外部からの視点を取り入れる

ここまでの4つの観点から、自分自身の内側にある価値観や思いを見つめてきました。次は、外部からの視点を取り入れることで、さらに視野を広げていきましょう。

・上司や同僚からの評価

例：「あなたは○○な場面で力を発揮するね」「チームの中であなたの△△な特徴は貴重だ」

・友人や家族からの言葉

例：「あなたの□□な部分が好き」「いつも◇◇なところが素敵」

・メンターからのアドバイス

例：「あなたの持ち味は××だと思う」「▽▽を活かせる方向に進むといいかも」

・過去の評価シートやフィードバック

例：定期面談での上司からのコメント、プロジェクト終了時の振り返り

全てに完璧に答える必要はありませんし、答えに正解はありません。あなたの素直な思いを書き留めてみましょう。

6．失敗のリスクも制限も一切なく、他の目を気にしなくてよければ何をしたいですか？
・どんな小さなことでも構いません。いくつでもいいので書き出してみましょう。
・また、その理由も考えてみましょう。

7．どんな時に自分のエネルギーが高まり、行動する意欲が湧いてくると感じますか？
・特定の状況や環境を具体的に挙げてみてください。

8．自分が「好きな自分」でいられた時や「こういう自分は好きだ」と思った瞬間を書いてください。
・その時、どんな行動をしていましたか？　誰と一緒にいましたか？

9．過去に、迷った末に決断した経験はありますか？
・その決断に至るまでに、どんなことを考えましたか？
・今振り返って、その決断をどう評価していますか？

10．周りの人から相談を受けるとき、どんなアドバイスをすることが多いですか？
・特に、「こうした方がいい」と強く思って伝えることはどんなことですか？
・その根拠や理由は何だと思いますか？

価値観を知る10の質問

１．過去に「違和感」「モヤモヤ」「ストレス」を感じた場面を書き出してみましょう。
・具体的なエピソードをいくつか挙げ、その理由を考えてみてください。

２．これまでの人生で特に楽しかった瞬間や、嬉しかった出来事をいくつか挙げてみてください。
・「なぜ楽しいと感じたのか」「何が嬉しかったのか」を掘り下げてみましょう。

３．今までに一番努力をしたこと、または夢中になったことはなんですか？
・その結果、何が起こりましたか？

４．「この人といると気持ちがいい」「この人といるとストレスを感じる」と思う人の特徴を挙げてください。
・それぞれ、理由も考えてみましょう。
・そこから、自分が他者に求める価値観を考えてみましょう。

５．自分に対して「こうあるべき」と思っていることがあれば書いてみてください。
・なぜそう考えるようになったのかを考えてみましょう。
・その「こうあるべき」を満たせた時、どのような感情や充実感を得られそうですか？

3 「ありたい姿」を具体的に言語化する

前のステップで掘り下げた価値観や感情をもとに、これからの自分の未来像を描いていきましょう。次のように「ありたい姿」を言語化していき、日々の行動に落とし込んでいきます。

(1) 自分の価値観を確認する

2のステップで見つけた価値観を整理します。ポジティブな感情だけでなく、ネガティブな感情も重要な手がかりとなります。

例えば、次のような価値観が浮かび上がっているかもしれません。

- 「成長」：常に改善を目指し、新しい挑戦をしたい
- 「貢献」：人を助けたり、チームを成功に導きたい
- 「誇り」：自分に誇りを持てる仕事をしたい

これらの価値観が、あなたがこれからどんなキャリアや人生を築いていきたいかを考える上での

礎となります。

（2）自分の役割を考える

周りの人や社会に対してどのような存在でありたいか、どのような役割を果たしていきたいかを考えます。職業やポジションではなく、「どのように貢献したいか」という視点で考えてみましょう。

◆質問例◆
- あなたは誰に、どんな価値を提供し、どのような存在でありたいですか？
- グループやチームで何かをする時、どんな役割を担うことが多いですか？
- 誰かに〝こんな人だ〟と紹介されるなら、どのように紹介されたいですか？

価値観と役割が見えてきたところで、より具体的に日常のレベルで考えていきましょう。

（3）理想的な日常をイメージする

「ありたい姿」は、遠い未来の話ではなく、日々の仕事や生活に反映されるものです。未来の理想を描くために、あなたが心地よく、充実感を得られる日常を思い描きましょう。

◆質問例◆
- あなたが一番充実感を得られる「1日の中の行動」を挙げてみてください。
- 日々の選択の中で「こうありたい」と意識していることはありますか？
- 日常で優先していることは何ですか？ 何を犠牲にしたくないですか？

(4) 未来の自分を具体的に言語化する

次に、未来の自分を具体的に言葉にして描きます。この時点では、目標というよりも「どのようにありたいか」に焦点を当て、自分の感情や振る舞いをイメージしてください。

◆質問例◆
- 仕事を引退する時を想像してください。引退するまでの間、どのような気持ちで、どのように働けていると、振り返った時に満足感を得られそうですか？
- 「こんな働き方はしたくない」、「こんな生き方はしたくない」と思うことはありますか？

(5) ありたい姿を行動指針に反映する

最後に、言語化した「ありたい姿」を、具体的な行動に落とし込みましょう。**ありたい姿の自分でいるために大切にしたい行いはどんなものでしょうか**。これが、日々の意思決定や行動の基準となります。

ここで一度、**ありたい姿と現在の自分とのギャップ**を考えてみましょう。「ありたい姿の自分」と「今の自分」の違いは何か？　そのギャップが生まれる要因は何か？ そして、それを埋めるために、どのような行動を積み重ねればよいのか？ この視点を持つことで、アクションがより明確になります。

「ありたい姿」を意識していると、日々の選択において自分にとって本当に大切なことを基準に判断できるようになります。目の前の出来事に振り回されるのではなく、価値観に沿った決断を重ねることで、ありたい姿の自分へと自然と近づいていくのです。

また、「ありたい姿」は一度決めたら終わりではなく、成長や環境の変化に応じてアップデートしていくものです。定期的に振り返りながら、自分にとっての「ありたい姿」を再確認し、それに合った行動を積み重ねていきましょう。

6．どんな時に「自分はこのままでいいのか？」と感じますか？
・その時、どんな自分になりたいと思うかを具体的に考えてみましょう。

7．誰かに「こんな人だ」と紹介されるなら、どのように紹介されたいですか？

8．理想の１日を過ごすとしたら、どんな１日になりますか？
・朝から夜までの行動や気持ちをイメージしてみてください。

9．あなたが「こうありたい」と思う自分像を体現している人を挙げてみてください。
・その人のどの部分に憧れるのかを書き出してみましょう。

10．最終的に「この人生でよかった」と思えるためには、何を達成したいですか？
・それを実現するために、今どんな行動が必要だと思いますか？

「ありたい姿」を言語化する10の質問

1．今の悩みや「モヤモヤ」を書き出してみましょう。
・仕事・プライベートそれぞれで挙げ、その中で特に気になるものを深掘りしてみてください。

2．５年後、10年後にどのような自分でありたいですか？
・それを達成したとき、どんな感情を抱くと思いますか？（仕事、私生活の両方で書き出してみてください）

3．あなたが仕事を引退する時を想像してください。
・引退するまでの間、どのような気持ちで、どのように働けていると、振り返ったときに満足感を感じられそうですか？

4．「こんな働き方や生き方はしたくない」と思うものを挙げてみてください。
・その理由も一緒に書いてみましょう。
・その中でも特に避けたいものは何ですか？

5．今の自分に「足りない」と感じるものはありますか？
・それが手に入ったとしたら、自分はどのように変わると思いますか？

「ありたい姿」が見えてきたら、いよいよキャリアについて具体的に考えていきましょう。**「ありたい姿」はキャリアゴールそのものとするのではなく、キャリア選択の際の判断基準**として使いましょう。これにより、自分らしいキャリア選択ができるようになります。また、日々仕事をしていると、地味に感じたり、飽きたりすることもあるかもしれません。その際に自分を支える力になるのが、この「ありたい姿」です。

「ありたい姿」を完璧に言語化する必要はありません。むしろ、経験や学びを通じて徐々に明確になっていくものです。**大切なのは、今の自分がどのようにありたいか、その輪郭を少しでも掴むことです。**

キャリアはコントロールが難しく、不確実性に満ちていますが、自分の価値観に沿った意思決定を重ねることで、「こんなはずじゃなかった」という後悔を減らし、充実感のあるキャリアを築くことができるでしょう。

次章では、この「ありたい姿」を基に、具体的なキャリア選択の基準や判断軸を築き、2章で整理したピースを使ってどのようにキャリアをデザインしていくかについて、詳しく考えていきます。

第4章まとめ

本章のキーポイント

- ありたい姿は、大切にしている価値観を反映したもの
- 過去の経験から自分の価値観を見出せる
- 違和感やモヤモヤは大切にしていることに気づくサイン

実践に向けて

- 過去の経験や感情から自分の価値観を探る
- ありたい姿を言語化する
- ありたい姿を実現するために必要な行動を書き出す

雇用の流動性が高まる中、企業側も人材獲得・維持の戦略を変える必要があります。そのために、柔軟な雇用形態の導入や、従業員のキャリア開発支援が重要になっています。

一方、個人にとっても、キャリアの主導権を持ち続けるために、以下のような要素が求められます。

・**スキル開発と生涯学習**：変化する市場ニーズに適応するため、専門スキル（I型スキル）だけでなく、幅広い分野の基礎知識を持つT字型スキルが重要になります。

・**自己理解の深化**：自分の強み・弱み・価値観・キャリア目標を明確にすることで、適切なキャリアの選択が可能になります。

・**ネットワークの活用**：SNSの活用や業界イベントへの参加を通じて、新たな機会を得ることがキャリアの発展につながります。

バウンダリーレス・キャリア理論は、「キャリア構築理論」と補完的な関係にあります。

・**バウンダリーレス・キャリア理論**: 職業や組織の境界を超えた移動に焦点を当てる。

・**キャリア構築理論**: 移動の中で得た経験をどのように意味づけ、統合するかを説明する。

この2つの理論を理解し活用することで、変化の激しい現代社会において、個人が自律的かつ柔軟にキャリアを発展させる方法を見出すことができます。

Column

境界を越えるキャリア：バウンダリーレス・キャリア理論と現代の働き方

かつて、長期雇用は多くの国で一般的でした。しかし、1980年代以降、労働市場の変化に伴って人件費削減や柔軟な人員配置が求められるようになり、長期雇用の傾向は次第に弱まっていきました。現在では、多くの先進国で雇用の流動性が高まり、従来の終身雇用の考え方は大きく変化しています。

このような背景の中で、1990年代から2000年代にかけて提唱されたのが「バウンダリーレス・キャリア」の概念です。この概念は、組織や職業の境界にとらわれない、柔軟で個人主導のキャリアのあり方を示しています。

バウンダリーレス・キャリアには、以下のような特徴があります。

・**物理的な組織間の移動**：異なる企業や業界へ移動しながらキャリアを築く。

・**心理的な移動への適応能力**：価値観や働き方の変化に柔軟に対応し、自己成長を続ける。

・**組織への依存度の低下**：終身雇用に頼らず、個人のスキルやネットワークを活かしてキャリアを形成する。

このアプローチには、多様な経験を積めること、スキルの向上、市場価値の上昇、自己実現の機会増加といったメリットがあります。

第 5 章

キャリア選択の基準を築く

「やりたいことがない」「どの会社を選べばよいかわからない」「転職すべきか迷っている」――こうした悩みの背景には、キャリアの選択基準が明確でないことが影響しています。

本章では、キャリアを主体的に選択するために必要な「判断軸のつくり方」を学びます。過去の経験から未来を想像し、自分の価値を発揮できる環境を見極める方法を具体的に解説していきます。

キャリアは、「選択の連続」です。あなたのキャリアにとって、どんな選択が最適なのか。未来の可能性を広げるために、一緒に考えていきましょう。

1 過去から未来を想像する

第2章で、これまでの経験を細かく分解（ピース化）し、ラベリングする方法を紹介しました。このピースを組み合わせ、抽象度を上げることで、次の2つの視点が見えてきます。

- ・今のままで選べるキャリア
- ・ピースを足すことで選べるキャリア

（1）今のままで選べるキャリア

これまでの職務経験やスキルを活かして同じ職種に転職するのが、最も現実的な選択肢です。例えば、営業職の人が別の企業でも営業職に就く、または人事経験者が別の企業で人事に転職するようなケースです。しかし、同じ職種でも仕事内容や求められるスキルは異なる場合があり、工夫次第で選択肢を広げることができます。例えば、次のようなケースです。

- 個人向け営業から法人向け営業へ
- 直販営業から代理店営業へ
- 中小企業向け営業から大企業向け営業へ
- 完成品の営業から無形商材の営業へ

同じ「営業」でも、顧客、売るもの、そして営業のスタイルはまったく異なります。経験した職種や業務内容をベースに少し異なる視点を取り入れることで、キャリア選択の幅が広がります。

同様に人事から人事への転職も、一見同じ職種への転職に見えますが、人事の中には多様な役割が存在します。採用、教育、労務、人事制度の設計など、それぞれの業務は異なり、これらのピースをどのように組み合わせるかで、この次のキャリア選択肢が大きく変わってくるのです。

一方で、「今のままで選べるキャリア」は必ずしも同じ職種にとどまりません。ピースの共通点を見出すことで、新たなキャリアの道が拓けることもあります。

例えば、次に挙げる事例です。

- **転職エージェントでの経験を活かして事業会社の人事へ**
  ▼エージェントとして培った営業スキルやキャリアコンサルティング経験は、人事の採用や組織マネジメントで役立ちます。

・コンサルティングファームのコンサルタントが、ＳａａＳ企業の導入支援担当へ

▼コンサルタントの問題解決スキルや、複雑な状況を整理して進めていく経験は、特に大企業向けＳａａＳ企業の顧客サポートや導入支援で応用可能です。

このように、職種が違っても、細かく見れば共通点が見つかり、選べるキャリアの幅が広がるのです。

(2) ピースを足すことで選べるキャリア

「ピースを足すことで選べるキャリア」とは、今までの経験に新たなピースを加えることで、選べるようになるキャリアを指します。これにより、現在のキャリアでは到達できないポジションや職務にも挑戦することが可能になります。第４章ですでに「ありたい姿」が描けている人はさらに考えやすいでしょう。

具体例として、オンラインショッピング（ＥＣ）プラットフォームで、出展店舗の売上最大化を支援するコンサルタントが、自社商品を持つ企業で事業責任者を目指す場合を考えてみましょう。

〈現在のピース〉

- **ＥＣに関する知識**：ＥＣサイトやプラットフォームの仕組み、オンライン販売戦略に関する知識
- **マーケティング戦略立案**：集客施策の企画・立案、広告予算の配分計画、ターゲット顧客の設定、プロモーション計画の策定、デジタルマーケティング施策の実行
- **販売促進施策の実施支援**：セール企画の立案、キャンペーンの設計、メルマガ企画、新商品の販売戦略立案
- **コンテンツマーケティング支援**：商品ページの改善提案、商品説明文の最適化アドバイス、商品撮影のディレクション、ＬＰ（ランディングページ）の企画・設計
- **データ分析・レポーティング**：アクセス解析と行動分析、売上データの分析、顧客セグメント分析、商品分析（売れ筋・死に筋の特定）、コンバージョン率の分析、広告効果測定、顧客セグメント分析
- **ＣＲＭ戦略立案**：顧客ランク別施策の設計、リピート購入促進策の立案、休眠顧客活性化策の企画、顧客フォロー施策の設計、ロイヤルカスタマー育成プログラムの設計

しかし、自社商品を持つ企業の事業責任者として必要になるスキルは、現在の経験だけではカバーできない要素があります。例えば、次のような差分が存在します。

〈足りないピース〉

- **商品開発**：商品ポートフォリオ設計、商品企画・開発、サプライヤー管理
- **オペレーション管理**：物流戦略の策定、在庫最適化、カスタマーサービス体制の構築
- **組織マネジメント**：人材育成・評価制度の設計、人員計画設計・配置、育成

もちろん、いきなり事業責任者のポジションでオファーを受け取れる可能性もゼロではありません。しかし、まずは自分の強みと、すでに持っているピースを活かしつつ、足りないピースを取得するための段階的なステップを踏むことで、オファーの可能性は高まります。

具体的には次のようなものです。

- **共通項を活かす**：すでにECに強みを持っているため、まずはECで販売もしている企業に転職し、商品開発や物流に関する経験を得ることを目指します。これにより、商品の製造や配送に関わる知識を吸収し、事業の全体像を理解できるようになります。
- **組織運営の経験を積む**：事業責任者は、売上やマーケティングを担当するだけでなく、組織全体の運営にも責任を持ちます。そのため、ピープルマネジメントやリーダーシップ経験が必要です。もし組織運営の経験が不足している場合、マネージャー職などのピースを先に積み上げていくことも効果的です。

段階的にキャリアを構築することで、事業責任者として必要なスキルと経験を着実に積み上げることができます。各ステップで得られる経験は、将来の事業責任者としての基盤となります。このように、**次に選択するキャリアのその先にあるものを想像することも非常に重要**です。

ここまでで、現在地から目指せるキャリアのイメージが湧きましたね。次に、大きなキャリアテーマを決めます。

2　キャリアテーマの決め方

キャリアを築く上で大切なのは、「価値を発揮しながら選択肢を広げる」という視点です。これを実現するために、次の２つの原則をもってキャリアテーマを設定します。

(1) 価値を発揮できるものを中心に置く

キャリアにおいて何よりも重要なのは、自分の価値を発揮できる分野に注力することです。「誰かの役に立っている」、「チームや組織に貢献できている」と感じられない仕事では、モチベーションは続きません。そのため、価値発揮できるものをキャリアの中心に置くことを推奨しています。

これまでの取り組みで見つけた「好き×得意」もしくは「得意」のラベルが貼ってあるピースで構成した仕事と、その仕事とシナジーがあるものを組み合わせてキャリアを考えます。

(2) 大切にしている価値観が脅《おびや》かされるものは「選ばない」

キャリア選択をする時、「何をするか(得られるキャリア)」に注目してしまいがちですが、多くの人が退職する理由は「価値観の不一致」と「人間関係」です。細かく掘り下げると、カルチャーが合わない、上司と合わないなど色々ありますが、第4章の「ありたい姿」を描いた時のように、**自分の大切にしている価値観が脅かされる環境だと続けられません。**

特に、役職が上がれば、自分の価値観と経営陣との考え方が一致していることが、重要な要素となります。役職が上がると「会社としてどう考えるか」を自分の言葉で語る必要が出てきます。そのため、価値観が合わないと苦しくなります。

この2つを念頭において、キャリアのテーマを設定します。

例えば、次のようなパターンを考えてみましょう。

〈BtoCマーケティング経験者のキャリアテーマ例〉

- **BtoBマーケティング経験を積むことで、今後のキャリア選択肢を増やす**：企業向けのマーケティングにチャレンジすることで新しいスキルを習得し、キャリアの選択肢を増やす戦略です。これにより、toB、toC両方の経験を持つマーケターとして、さらに幅広いキャリアの可能性が広がります。
- **BtoCのまま、事業寄りのキャリアを積むことで、事業責任者を目指す**：これまでの経験ベースにプロダクトや事業開発に近いキャリアを積むことで、マーケティングだけでなくビジネス全体を見渡せる経験を得られ、キャリア選択肢が広がります。

このようにキャリアテーマは複数あって構いません。**テーマに沿って情報を集めながら、絞ったり入れ替えたりしていきます**。

これまでのキャリアとは違う環境で自分を成長させ、特定のスキルや経験を強化するテーマを設定することも有効です。

- **大手企業の新規事業室にいた方の場合**：「アーリーステージのスタートアップで事業立ち上げとグローバル経験を積み、将来的に選べるキャリア幅を増やす」というキャリアテーマを掲げ、キャリアの転機を作るケースがあります。

ありたい姿を実現することを再優先するキャリアテーマも、幸福度を上げます。

- **社会貢献に関心がある方の場合**：「社会貢献度の高い仕事に就き、子どもたちの将来に貢献したい」というテーマを持ち、自身の価値観と一致したキャリアテーマを設定することもできます。

私の場合は、その時々でキャリアテーマが変わってきました。

1社目の転職エージェントは「やりたいことを見つける」ことがテーマでしたが、2社目以降は「やりたいことが見つかった時のためにできることを増やして、選択できる自分になる」をテーマにしてきました。働く目的や選択の優先順位はライフステージの変化に伴い少しずつ変わってきましたが、起業する直前までキャリアテーマのベースは同じです。

起業する数年前から、「これまで身につけてきた力を、もっと多くの人や企業に還元したい」と考えるようになりました。このように、**キャリアテーマは変化していくもの**ですので、適宜アップデートしていきましょう。

キャリアテーマを決めたら、そのテーマに沿った選択かどうかを判断する軸を決めます。

3 キャリア判断軸の考え方

キャリアテーマや価値観に基づいてキャリアを選択するための「判断軸」を設定します。この判断軸は、キャリアをどのように進めるかを決めるための重要な基準になります。例えば、あなたのテーマが「アーリーステージのスタートアップで幅広い経験を積む」というものであれば、事業共感よりも、ミッション共感や働く人との相性、そして直近での役割や数年後に得られるスキルが含まれるかもしれません。スタートアップは事業ピボット（事業の大幅な方向転換）があることも多いので、事業共感だけで入社を決めると、ピボットした後に残る理由がなくなってしまいます。そのため、ミッションや一緒に働く人、直近の役割の適合度が重要になります。

一方、過去に人間関係が理由で退職をした経験がある場合、やはり「一緒に働く人」が重要な判断軸になるでしょう。過去の経験から、特に重視すべきポイントを洗い出してみてください。

ここでは、一般的なキャリア判断軸をいくつかまとめました。自分に当てはまりそうなものを参考にしながら、自分に最適な判断軸を見つけましょう。

〈キャリア軸〉

- **担う役割**：3ヶ月、半年、1年のスパンで自分が担うミッションや具体的な仕事は何か。その役割を明確にすることが重要です。
- **価値発揮**：その役割で自分がどれだけ価値を発揮できるか。自分の強みや経験が活かせるかどうかを判断基準にしましょう。
- **自己成長**：そのポジションで新たに得られる経験やスキルは何か。次のステップに進むための自己成長が見込めるかどうかを確認します。
- **数年後の自分**：その役割や経験から、数年後に自分はどのように成長しているか、どのようなキャリアパスが拓けるかを考えてみてください。

〈会社／組織軸〉

- **事業成長**：会社や事業が今後どれだけ成長していくか。その業界での競争力や成長戦略は現実的かについて検討します。
- **事業共感**：その事業やプロダクトにどれだけ興味を持てるか。自分がその事業に情熱を持って働けるかを判断します。
- **ミッション共感**：会社全体のミッションやビジョンにどれだけ共感できるかを考えます。

- **一緒に働く人**：経営陣やチームメンバー、日々の業務で関わる人々との相性がよいか。尊敬できるリーダーや学びのある同僚がいるか。仕事や人に対する価値観が合うかがポイントです。

〈条件軸〉

- **働き方**：リモートワークやフレックス制度の有無、実際にどの程度柔軟な働き方ができるかの確認が大切になります。
- **給与**：給与の内訳、ポジションごとの等級と自分の位置付けを勘案します。
- **今後の上がり幅**：昇給頻度や将来的な昇給の見込みや評価制度（制度がなければ、何を重視してどのように給与を決定しているか）を確認します。

これらはあくまで一例です。キャリアテーマ、転職目的、パフォーマンスを左右する要素によって、判断軸は変わります。

ここでもう1つポイントです。

転職活動をする際、多くの人が応募企業の情報を収集することばかりに集中しがちですが、現職についても同じ判断軸で整理することが重要です。完璧な選択肢は存在しないため、**比較優位の考え方で選択し続ける**ことが、キャリアテーマの実現につながります。

例えば、転職先候補でのポジションがよさそうに見えても、現職で得られるものと比較することで、最終的には「現職に残る方がいい」という選択肢が浮かび上がるかもしれません。現職のポジションも新たな視点で見直すことで、気づいていなかった成長機会や価値に目を向けられることもあります。

転職は、あくまで手段の1つです。キャリアを長期的に見たとき、最善の選択が何かを考えることが大切です。

3つのキャリア判断軸

4 活躍できる場所を探す

キャリア選択の際に重要なのは、「価値を発揮できるものを中心に置くこと」だとお伝えしてきました。しかし、**価値発揮観点で重要なのは、「やることの中に、得意なことがどのくらいあるか」だけではありません。**組織や事業の成長フェーズ、一緒に働く人の属性・特性も考慮に入れることが非常に大切です。それにより、最大限の力を発揮できるかが変わってきます。

(1) 所属先の各成長フェーズにおける活躍人材の特徴

成長フェーズごとにどのような人材が活躍できるかを解説しながら、あなたがどのフェーズで価値を発揮できるかを考えるためのポイントをご紹介します。企業によっては、全体のフェーズと所属している事業部のフェーズが異なる場合もあるので、まずは自分が所属する事業部の成長フェーズを見極め、その中で価値を発揮できるかを考えてください。参考までに、本書で示す4段階のフェーズを次のページの図表にまとめました。それに続けて各フェーズのポイントを解説します。

フェーズのイメージ

創業期

【特徴】
・サービスやプロダクトの開発・立ち上げ期。
・PMF(プロダクトマーケットフィット)を目指し、事業の方向性を模索している段階。
・組織構造やプロセスが未整備で、少人数での運営が特徴。
・意思決定が早く、変更や方針転換も柔軟に行われる。
【社員数目安】１～20名程度
【特記事項】
・スタートアップの場合、創業メンバー数名からスタート。
・シードやプレシリーズＡ程度の資金調達段階。
・新規事業部門の場合は、親会社からの出向者を含む小規模チームで構成。

成長期

【特徴】
・PMFを達成し、急速な成長を遂げている段階。
・基本的な仕組みやプロセスの整備が始まるが、まだ発展途上の状態。
・事業拡大のスピードと組織づくりの両立が課題となる。
【社員数目安】20～100名程度
【特記事項】
・シリーズＡ～Ｂラウンドの資金調達を実施し、急速に人員を拡大する段階。
・新規事業の場合、独立した事業部として本格的な事業展開を始める段階。

拡大期

【特徴】
・安定的な成長軌道に乗り、組織規模が大きく拡大している段階。
・部門が細分化され、マネジメント層も厚みを増す。
・体系的な制度やプロセスの確立が進む時期。組織の効率化と標準化が進められる。
【社員数目安】100～500名程度
【特記事項】
・シリーズＣやＤ、あるいはIPO準備期。
・組織の階層化が進み、部門ごとの専門性が高まる段階。
・事業部制の場合、独立した採算単位として運営される規模に成長。

安定期

【特徴】
・市場での地位を確立し、安定的な収益を実現している段階。
・組織体制が整い、制度や仕組みが確立。
・効率化とリスク管理が重視される時期。
・新規事業の創出や継続的なイノベーションが課題となる。
【社員数目安】500名以上
【特記事項】
・上場企業や大手企業に多い形態。成熟した組織体制と確立された制度がある。

※これらの数値は一般的な目安であり、業界や事業特性によって大きく異なる場合があります。また、グループ会社や会社単位では安定期にあっても、新規事業などで特定の部門が創業期や成長期の特徴を持つケースもあります。

①創業期：何もないところから価値を創造する

創業期は、組織やプロセスがまだ整備されておらず、何もない状態からスタートする段階です。このフェーズで活躍できるのは、「これしかやりたくない」と限定するのではなく、幅広いタスクを拾い、柔軟に対応できる人です。プロセスが決まっていない中で、自らタスクを見つけ出し、問題を解決する創造力が必要です。

〈価値を発揮できるタイプ〉
- 何もない状況を楽しみ、創造的に動ける人。
- 「ないから出来ない」ではなく、「ないなら自分がやる」という姿勢を持てる人。
- プロセスや仕組みを自ら作り上げることにやりがいを感じる人。

②成長期：ビジョンと成果を追い求める

成長期は、企業のビジョンを形にし、成果を出すために突破力が求められるフェーズです。この時期には、個々の行動力やスピードが成否を左右します。多少の無理をしてでも、目標を実現する意欲のある人が価値を発揮します。

〈価値を発揮できるタイプ〉

- 整備されていない領域で自ら道を切り拓くことができる人。
- プレッシャーの中でも成果を出し、高い目標を追求できる人。
- 組織のビジョンを他者に売り込み、その魅力を伝えられる力を持つ人。

③拡大期：仕組みを整え、チームを育てる

拡大期になると、再現性のある仕組みやプロセスが求められ、個々の力に頼るだけではなく、チーム全体で成果を上げられる環境作りが重要になります。組織の運営が複雑化し始めるため、全体をマネジメントし、再現性のある仕組みを作り上げる能力が必要です。

〈価値を発揮できるタイプ〉

- 個人プレーではなく、チーム全体のパフォーマンスを引き上げられる人。
- 組織運営やプロセスの改善、仕組み作りが得意な人。
- チーム全体の成果を上げることにやりがいを感じる人。

④安定期：効率とリスク管理を徹底する

安定期に突入すると、既存の仕組みを維持・管理し、効率化することが求められます。このフェーズでは、管理能力が高く、決められたプロセスを正確に守れる人が求められます。また、リスクを最小限に抑えながら業務を進めることも重要です。

〈価値を発揮できるタイプ〉

- 既存の仕組みを磨き上げ、効率化することに喜びを感じる人。
- リスク管理を徹底し、確実に業務を進めることが得意な人。
- 決められたプロセスに忠実に従い、業務を進めることに強みを持つ人。

紹介したフェーズごとの特徴を理解し、自分がどのフェーズで最も価値を発揮できるかを考えましょう。また、自分のスキルや価値観がどのフェーズにフィットするかを理解することで、最適な場所が見えてくるはずです。

(2) 同僚の特徴や属性など、パフォーマンスを左右する要素を考える

次に、一緒に働く人材の特徴や属性にも注目し、どのような環境にマッチするかを考えていきましょう。

「優秀な人たちと働けることが幸せだ」と感じる人がいる一方で、優秀な同僚に囲まれてプレッシャーを感じたり、自分の存在価値を見失ってしまう人もいます。

このように、働く環境に対する適性を見極める上で、「どのような同僚と働きたいか」も1つの指針となります。例えば、次のような経験をしたことがある場合、その感情の要因を振り返った上で、適した環境を選ぶことが大切です。

・自分がアウトプットばかりしていて、得るものが少ないと感じる

このような感覚は、職場での成長が頭打ちに感じた時に起こります。成長を続けたいという気持ちが強い人は、自分に得るものがある人と一緒に働くことが重要です。

・同僚の仕事に対する温度差に違和感を覚えた

自分が熱意を持って取り組んでいるのに、周りは冷めていると感じるとやりがいが失われてしまいます。熱意を共有できる同僚がいる環境がマッチするでしょう。

・目指したいロールモデルがいないことに悩んでいる

目標とする人が身近にいないと、成長の方向性が見えづらくなることがあります。このよう

な場合は、目指したいと思えるロールモデルがいる環境を選ぶことが有効です。

とある会社で、人事を一人で担当していた方が、「学びを得て成長したい」と経験豊富な人事チームのある会社に転職しました。しかし、「周りの同僚が優秀すぎて、自分の存在価値を感じられない」と退職してしまったケースがあります。

A社でトップセールスだった人が、トップセールスの集まりのような会社にいくと「普通」になってしまうこともあります。この時に、刺激を感じてモチベーションが上がるのか、自信をなくしてしまうのかはその人の特性によります。

その他にも、仕事のパフォーマンスを左右する要素は存在します。

例えば、「会社の事業内容に共感できないと、仕事に没頭できない」というタイプの人には、次のような特徴があります。

- **事業の社会的意義への共感がやりがいにつながる**
- **プロダクトやサービスへの愛着が仕事の原動力になる**
- **事業の方向性が自分の価値観と合っていると信じられると成果が出やすい**

このタイプの方は、事業の方向性が安定している成長期以降の企業との相性がよいかもしれません。逆に、事業ピボット（事業の大幅な方向転換）の可能性が高い創業期、ＰＭＦ（プロダクトマーケットフィット：プロダクトやサービスが市場に受け入れられている状態）前の企業は、価値観の不一致が起こるリスクがあります。

このように、自分のパフォーマンスを左右する要素を知り、適切な場所を選ぶことはとても大切です。

5 「こんなはずじゃなかった」を防ぐキャリア選択

私はこれまで、転職を志す方々の「こんなはずじゃなかった」を数多く見てきました。それは転職エージェント、人事、採用支援者として仕事をしてきたからですが、一般の人にとって、転職のように「自らが選択するキャリアの大きな分岐点」は、人生でそう何度も起こりません。そのため、正しい選択の仕方を知らない人がほとんどです。それに、**自分を正しく理解することですら難しいのに、面接という限られた時間の中で自分を正しく知ってもらって、さらに企業の実態を正確に把握するのは、なおさら難しい**ものです。このような状態で正確にキャリア選択を判断するのは至難の業です。

そこで、少しでも選択の精度を上げるための手法を解説します。

（1）意思決定に必要な情報を集める

「入社してみないとわからないから」と、意思決定のために必要な情報が揃わないまま、決断するケースがあります。確かに、入社しないとわからないこともあります。しかし、入社しなくてもわかることも沢山あります。それすら情報収集しないまま意思決定してしまうと、「こんなはずじゃなかった」が起こりやすくなります。

大切なのは、これまでのステップで決めたキャリアの判断軸に沿って情報を収集した上で、選択をすることです。繰り返しになりますが、**意思決定に必要な情報が欠けたままの決断は必ず後悔をもたらします。**

判断表を作成し、転職活動で収集した情報を整理していくと色んなことに気づけます。

例えば、

- A社の印象はよいけれど、他の会社に比べて情報が少ない部分があるのでは？
- B社については、特定の情報（例：組織文化や今後の成長戦略）を十分に集められていない。
- この情報は、他の現場の社員にも確認した方がよいかもしれない。

などといったことです。

情報の不足や不明瞭な部分が判明したら、選考ステップごとに、必要な情報をどのタイミングで誰に、どのように聞くのがいいかを考えます。これは、面接対策をすることと同じくらい大切です。

面接は企業と候補者双方がお互いを知る場とはいえ、採否を判断するのは企業です。そのため、心証を気にしてか聞きたいことを聞けず、そのまま意思決定をしている人は少なくありません。

さすがに「全ての情報を一気に収集しよう」と意気込んで面接に参加すると、コミュニケーションがうまくいかなくなるため注意が必要ですが、人生の重要な分岐ですので、意思決定に必要なことは必ず尋ねましょう。

ポイントは、選考の流れの中で、いかに必要な情報を得るかです。

まず、「誰に対して質問をしているのか」を理解することが大切です。面接官が人事、直属の上司、あるいは役員かによって、適切な質問の内容や角度は変わってきます。

①人事に対する質問

人事には、細かな技術的な話や実務的な課題について質問をするのではなく、**会社の文化や全体像について質問する**とよいです。

- **活躍している社員の共通点を教えてください。**
- **馴染めない方にはどんな特徴がありますか？**
- **入社を決める理由として最も多いのは何ですか？**

これらの質問を通じて、会社の雰囲気や価値観をより深く理解することができます。

②直属の上司に対する質問

転職したら直属の上司になりそうな人物は、近い未来に「あなたがチームでどう活躍できるか」を重視しています。そのため、**チーム内での課題や目標について質問する**とよいでしょう。

- **現在のチーム構成や、お困りのことがあれば教えてください。**
- **今回の採用で期待することはどんなことでしょうか。**

質問を通じて、採用することで解決したい課題を具体的に知ることができ、自分がその解決にどう役立てるかをアピールするチャンスも得ることができます。

③役員に対する質問

役員は、長期的な視点で、自社にどのような人材が必要かを考えています。足元の具体的な課題に関する質問ではなく、**会社の将来について質問する**とよいでしょう。

- **会社のビジョン実現のために、社員に求める行動や成果について教えてください。**
- **会社として強化していきたい分野はありますか？**

こうした質問を行うことで、未来のビジョンや方向性を知ることができ、そこにどのように貢献できるかを示すことができます。

⑵ 自分に合わない選択を避ける

特にマネージャークラス以上のポジションの方は、事業や組織の課題についてディスカッションする時間を持てるとよいでしょう。相手の本音を知るいい機会になります。

「御社の課題はなんですか？」と聞くのではなく、「今、何か困っていることはありますか？」「採用することで解決されたいことはありますか」という形で自然なタイミングで尋ねると、相手も話しやすくなります。

例えば、次のような答えが返ってくるかもしれません。

- **「最近、人数が増えてコミュニケーション不足を感じています。」**
- **「チームごとにカラーが強くなり、横の連携がうまくいかなくなってきました。」**

こうした回答が得られたら、自分の経験を基に、その課題に対してどのように解決できるかを提案することで、相手に「この人なら解決してくれそうだ」という印象を与えることができるという利点もありますが、この質問にはもう一つの目的があります。それは、**会社がどのような課題を重要視しているかを知ること**です。

「何を課題と捉えるのか」には、人や組織に対する考えが色濃く反映されますし、どのように解決しようとしているのかを知ることで、価値観が浮き彫りになります。

課題をメンバーのせいにする傾向がある企業なのか、それとも建設的な解決策を模索する企業なのかがわかるのです。これにより、あなたがその企業にフィットするかを判断する材料にもなります。

入社前に感じた違和感が、入社後になくなることはほぼありません。これまでのステップで言語化した「選ばない方がいいもの」がその会社内に横たわっていないかを確認しましょう。

（3）期待される役割を明確にする

決断するまでに必ず行っておきたいのが、自分に期待される役割についての具体的な擦《す》り合わせです。**入社してからの3ヶ月、半年、1年というスパンで、どのような役割を期待されているのかだけではなく、どのような状態であれば期待を満たしていると言えるのかについて、基準を明確にしておくこと**が重要です。

「こういう役割だと思っていたのに、実際には違った……」というミスマッチは、後々大きな問題になりかねません。入社後に「実際に期待されていたこととズレていないか」と不安に感じることなくスタートを切るためにも、事前にしっかりと確認しておきましょう。

悩み抜いて最終的に意思決定する時に、感情や直感でワクワクする方に「えいや！」で決めるのでも構いませんが、これまでは計画的に情報を集め、整理することが必須です。

本章ではここまで、自分の過去の経験から新たな選択肢を見出す方法や、新しいスキルや経験を積み重ねることでキャリアの幅を広げる方法を説明してきました。

次章では、キャリアの決断におけるイレギュラー要素ともいえる「ライフステージの変化」について、私の実例も交えながら、その問題と対応について解説していきます。

第5章まとめ

キーポイント

- 過去の経験から未来の可能性を見出す
- キャリア軸には、「価値を発揮できるもの」を中心に置く
- 「こんなはずじゃなかった」を防ぐ情報収集が重要
- 完璧な選択肢はない。現在と比較して優位な方を選択する

実践に向けて

- キャリアテーマを決め、価値観に沿った判断軸を設定する
- 「選ばない方がいいもの」を言語化して見極める
- 入社後を意識して質問し、すり合わせる
- 必要な情報を収集するタイミングと質問を設計する

Column

偶然を味方につける：計画的偶発性理論と現代のキャリア戦略

不確実な現代社会において、何もかもが計画通りに進むとは限りません。むしろ、予期せぬ出来事をどう活かすかがキャリア形成の上で重要になります。

ジョン・クランボルツは、そんな予期せぬ出来事をキャリアのチャンスとして活用する考え方「計画的偶発性理論」を提唱しました。クランボルツが成功を収めたビジネスパーソンを調査したところ、約８割が「偶然の出来事がキャリアのターニングポイントになった」と述べたといいます。

偶然の出来事をただ受け入れるのではなく、意図的にチャンスに変えていくことが重要なのです。そのために、次の５つのスキルを身につける必要があるとクランボルツは提唱しています。

1. **好奇心**：新しいことに興味を持ち、学び続ける
2. **持続性**：困難に直面しても努力を継続する
3. **楽観性**：予期せぬ出来事を前向きに捉える
4. **柔軟性**：変化に適応し、柔軟に計画を見直す
5. **冒険心**：不確実な状況に対するリスクテイク

現代社会では、**固定的なキャリアプランに縛られすぎるよりも、多様な選択肢を探索することが重要**です。予期せぬ出来事を「チャンス」と捉え、それを活かせるよう準備しておくことで、より豊かで充実したキャリアを築くことができるでしょう。

第６章

ライフステージ変化への対応

「育休中に会社の体制が変わった」「配偶者の転勤で仕事を辞めた」―結婚、育児、介護など、ライフステージの変化はキャリアに大きく影響します。かつては女性の課題とされてきましたが、今や性別を問わないテーマです。

実際に「妻の育休復帰に合わせて働き方を見直したい」など、男性からの相談も増えています。共働き世帯が７割を超える今、パートナーと共に考えることが重要です。

本章では、時短勤務やフルタイム復帰の選択、「こうあるべき」という呪縛からの解放、「家族はチーム」という視点を交え、柔軟なキャリア形成について考えます。

1 イレギュラーが起きやすいライフステージ変化

キャリア戦略の難易度を上げている要素の1つが、ライフステージの変化です。**ライフステージの変化は、多くの人にとってキャリアに大きな影響を及ぼすターニングポイント**になります。結婚、妊娠、出産、育児、介護といったライフイベントは、自分の意思ではコントロールできない予期せぬ事態やイレギュラーな状況をもたらしがちです。これにより、キャリア計画の変更を迫られることも少なくありません。

例えば、次のようなケースです。

- **結婚による転居やパートナーの転勤**：結婚やパートナーの転勤によって、現在の職場を離れざるを得なくなり、キャリアを一旦中断せざるを得ないケースがあります。
- **妊娠・出産による退職や休職**：転職後すぐに妊娠が発覚し、育休制度が取得できず退職を余儀なくされることや、妊娠中の体調不良による長期休職を経て、そのまま復職が困難となることもあります。
- **育児との両立の難しさ**：出産後、子どもの急な病気や予期せぬ事情で、家庭と仕事の両立が難しいと感じることが多くあります。

ライフステージの変化による影響を受けやすいのは女性ですが、最近は、男性から「ライフステージの変化に対応するため、この先のキャリアについて考えたい」「家族との時間を今より増やしたい」と相談を受けることも増えてきました。よって、男女共通の悩みになってきたと言えるのかもしれません。実際、私たち夫婦も例外ではありませんでした。

なお、ライフステージによる変化と対応をよりリアルに感じてもらうため、第6章の解説は私の実体験を多くお話ししていきます。予めご了承ください。

私は、結婚するタイミングで大阪から名古屋に移住しました。夫と私は同い年ですが、夫は博士課程後期修了者のため、私は夫より5年早く社会人になりました。結婚したのは夫が博士課程後期3年生の時です。夫の就職先の関係で名古屋に転居することが決まっていました。

当初は退職するつもりで、上司に結婚の報告と退職の申し出をしました。しかし、「退職せんでも、名古屋には支店があるやろ。森数と一緒に働けなくなるのは嫌やけど、辞められるのはもっと嫌だから転勤してくれ」と強く勧められ、転勤を選択しました。

誰に言われたわけでもありませんが、転勤後すぐに妊娠するのは申し訳ないと勝手に思い、2年は妊娠せずに名古屋支店にコミットしようと決めました（今は、妊娠は希望して叶うものではなく、自分の人生を優先してタイミングを選択する方がよいと考えています）。幸い、希望していたタイミングで第一子を授かり、妊娠中も大きなトラブルなく仕事中心の日々を過ごしていました。

私にとって想定外だったのは、仕事復帰後でした。「保育園の送りは私、迎えは夫」が基本の役割分担で、スムーズに進められると思っていたのですが、「こんなに思うように働けないのか……」と愕然《がくぜん》としました。クライアントとの大切な商談の日に子どもが発熱したり、保育園に向けて家を出ようとしたところで「トイレ行きたいー」と言われたり、予測できないことの連続でした。

会社にコミットしきれない、マネージャーとして役割を果たせていないという焦りが募りました。2時間おきに起きる子どもを抱っこしたまま座って寝て、気づいたら朝……の繰り返しで、心身ともにかなり追い詰められていきました。

子どもが発熱すると、子どもを心配する前に「明日の仕事どうしよう」が頭をよぎり、自己嫌悪。保育園に預けて出る時に、泣き叫ぶ我が子をみて「何のために働いているんだろう」と毎日のように自問していました。

コントロールできない状況に加えて、「こうあるべき」呪縛にとらわれてすっかり参っていました。しかし、私の気づかないところで参っていたのは夫でした。

ある日、家に帰ると電気もつけずに、夫がダイニングテーブルに座っていました。

「どうしたの？」と声をかけると、「俺もう無理やわ」と。

私は、子どもが寝た頃に帰宅する毎日で、お迎え以降の家事育児は夫にお願いしていました。子どもが保育園を休む時も夫が休む割合の方が多く、かなり負担をかけてしまっていました。この瞬間に、9年在籍した会社を退職することを決めました。

妊娠や出産はタイミングが読めない上に、全員が同じ経過をたどるわけではありません。出産後も、子どもの成長はまちまちです。

私は、第一子の妊娠出産は比較的順調でしたが、第二子妊娠中は切迫早産のリスクから長期入院を余儀なくされました。早産を防ぐための手術も受けましたが、予定より3週間も早い出産となりました。こういった**予測できない事態が起きるたびに、キャリアにも影響が及びます**。

2　ライフステージ前のキャリア戦略

(1) 先を見越したキャリアブレーキに注意

ライフステージの変化が予測されると、多くの人が「妊娠を希望しているから昇進の打診を断ろう」や「妻の出産もあるから今は転職を見送ろう」といった現状維持の選択をする傾向にあります。また、「将来のライフイベントに備えて、仕事のペースを落とそう」とブレーキを踏みがちです。しかし、**事前にブレーキを踏むよりも、必要になるタイミングまでキャリアのアクセルを全開にすることをお勧めします。**

ライフイベントのタイミングは予測が難しいため、ブレーキを早めに踏むことで成長機会を失う可能性があるからです。例えば、「転職を考えていたけど、妊娠を希望しているから転職を先送りにする」という選択をした結果、思うようなタイミングで授からず、想定より数年遅れて妊娠・出産、産休・育休を経て復帰することになると、転職をしないまま4～5年が過ぎてしまうケースもあり得ます。その間に、キャリアの成長機会を逃し、後悔することになりかねません。

私の友人の中には、妊娠や育休を理由にキャリアのペースを落とした結果、同期入社の人たちが先に昇進していく様子を見て焦りを感じた人もいます。「もっと出産前に全力でキャリアを追求していればよかった」とよく言っていました。介護も同様に、予測できないライフイベントの一つです。親の介護のために仕事を辞めて地元に戻り、そのまま再就職の機会を逸してしまうケースや、兄弟と協力して親の介護をするため、週の半分を地元で過ごす2拠点生活を余儀なくされるケースもあります。

介護の対象は親に限りません。配偶者の突然の病により、海外赴任の期間を短縮して帰国したり、子どものケアのためにフルタイムの仕事を断念したりするケースもあります。このように、**自分ではコントロールできないタイミングで、キャリアや働き方の大きな転換を迫られることがある**

のです。

「キャリアを諦めたくない」「仕事が好き」という方は、ライフステージの変化が訪れる前に、できる限りキャリア成長に力を注ぎましょう。

予測が難しい未来に対して、あらかじめブレーキを踏むのではなく、訪れた時に適切に対応する準備（＝キャリアの可能性を増やす経験を積む）を整えながら、今できる成長を最大限に引き出していくことが、未来のキャリア戦略において重要です。

（2）「M字カーブ」が示すもの

「M字カーブ」は、日本の女性労働力の特徴を表す重要な概念です。

日本の女性の年齢別労働力率をグラフ化すると、アルファベットの「M」に近い形になることからM字カーブと呼ばれています。

〈M字カーブの特徴〉

- **グラフの形状**：女性の労働力率を年齢階級別にプロットすると、アルファベットの「M」に

似た形になる

- **第一のピーク**：20代後半で最初のピークを迎える（就職期）。
- **谷**：30代前半で急激な低下が見られる（結婚・出産期）。
- **第二のピーク**：40代前後で再び上昇する（育児が落ち着いた時期）。

この形は、30代前半で結婚や出産を機に退職し、育児が落ち着いたら再び働きだす女性が多いという日本の特徴を反映しており、出産・育児というイベントを迎えた時にキャリアを継続することが難しいことを表しています。

しかし、近年ではM字カーブに顕著な変化が見られます（「総務省労働力調査」２０２３年）。

- **谷の上昇**：労働力率の底（35歳前後）が徐々に浅くなっています。
  - ２０００年：約60％
  - ２０２２年：約78％
  - ２０２３年：約80％
- **長期的改善**：１９８５年の35歳前後の女性の労働参加率が約50％だったことと比較すると、この20年間での改善は目覚ましいものがあります。

この改善の要因の1つが、次に述べる「時短勤務制度（短時間勤務制度）」です。出産後も仕事を続ける上で非常に助けになる制度ですが、キャリア成長観点では課題も残ります。

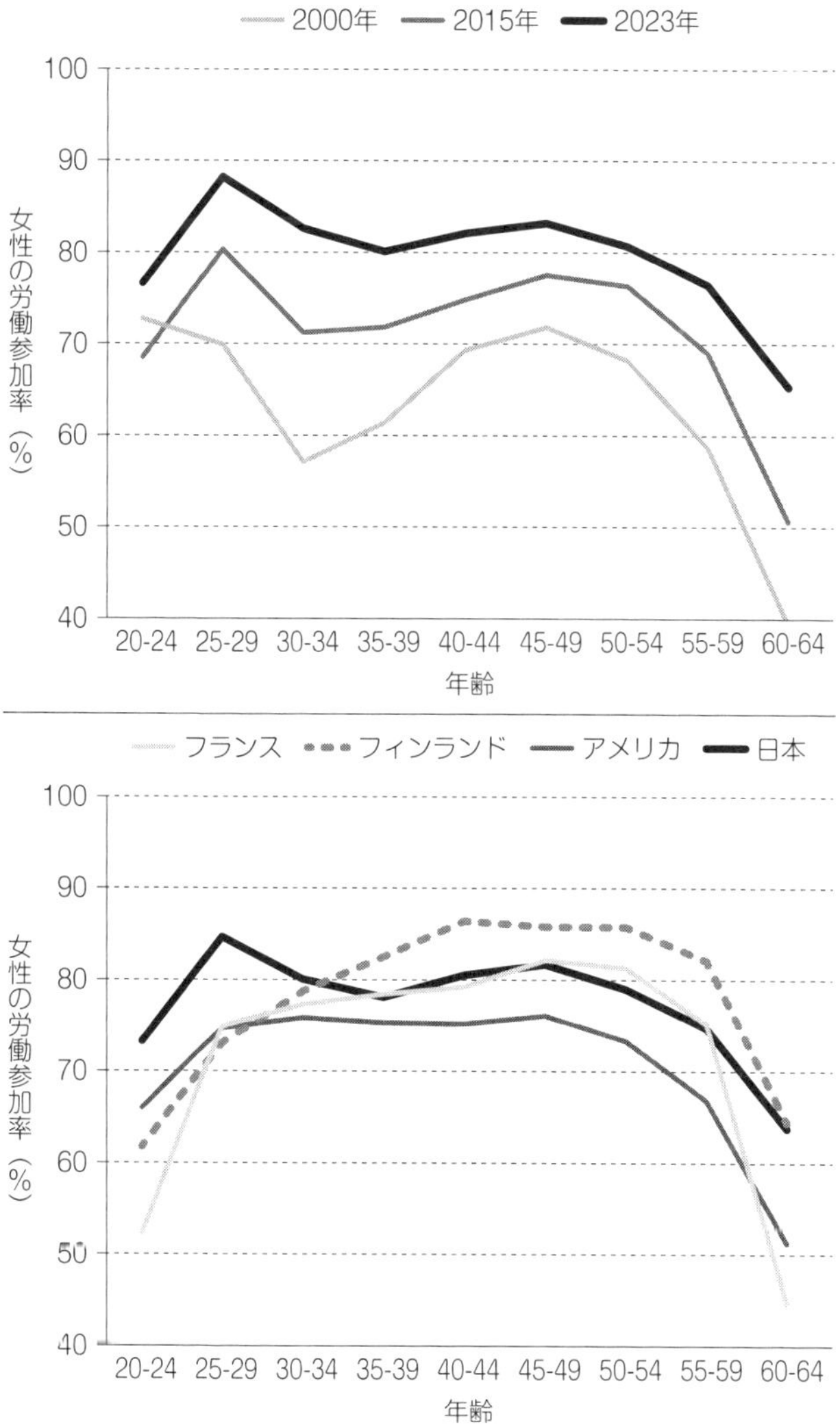

(上)日本における年齢別女性労働参加率の推移／(下)2023年時点での国内外との比較

3 フルタイムか時短勤務かの選択によるキャリアへの影響

厚生労働省の「国民生活基礎調査」（2021年）によると、**子育て中の女性のうち、フルタイム勤務を選んでいるのは約3割で、7割以上が時短勤務を選んでいます**。特に、育休から復職したばかりの女性の多くが時短勤務制度（短時間勤務制度）を利用しているのが現状です。他の人も同じように時短を選んでいることや、慣れるまでは……という思いから選ぶ人も多いように感じます。

時短勤務制度は、育児との両立を支援し、段階的な復帰を可能にする重要な制度です。しかし同時に、キャリア形成において考慮すべき課題も存在します。その一つが、「**マミートラック**」と呼ばれる現象です。時短勤務を選択することで、重要な役割や成長機会が限定され、本来の能力や意欲が十分に活かせない状況に陥りやすくなります。会社側の配慮と本人選択の結果ではあるのですが、元来仕事が好きでキャリアを諦めたくない人であればあるほど、この状況にストレスを感じる傾向があります。

経済面での影響も見過ごすことはできません。時短勤務による給与の減少は、新入社員並みもしくはそれ以下の水準になるケースもあります。「時短だと給与が保育園代にほとんど消えてしまい、何のために働いているのかわからなくなる」という声も聞かれます。

収入が減り、働きがいを失うことで、将来的なキャリアへの不安が大きくなるのです。

業務面では、勤務時間は短くなっても仕事量は変わらないというジレンマが存在します。仕事への意欲から持ち帰り仕事を増やしてしまい、実質的にフルタイム勤務と変わらない労働時間になってしまうことも少なくありません。一方で、時短勤務者への時間外労働を制限している企業では、仕事が滞ったり、他のメンバーへの負担が増加したりする課題も生じています。

時短勤務制度そのものが悪いわけではありません。しかし、**時短勤務が長期化することで、成長機会を失い、本来のキャリアに戻れなくなるリスクがある**のです。一時的な選択のつもりでも、その後のキャリアが制約される可能性があるため、選択する際には慎重に考える必要があります。

では、どうすればよいのでしょうか？

まず、短期的な視点と長期的な視点の両方からキャリアを見直して短期的な視点では、今の生活状況に合わせて次の点を考慮しましょう。

- **現在の自分の体力や気力の状態**
- **子どもの体調や生活リズム、保育園の送迎時間**
- **チームメンバーとの協力体制**
- **家族のサポート体制や外部サービスの活用可能性**

一方、長期的な視点では、将来を見据えて次の要素も検討しましょう。

- 子どもの成長に伴う生活パターンの変化
- キャリアにおける重要な成長機会の時期
- 収入面での将来設計と家族計画

こうした要素を踏まえた上で、**パートナーや家族と復職後のキャリアについて事前にしっかり話し合いましょう**。話し合いをせずに「最初は時短だよね」と、なんとなく復職後のキャリアをスタートさせてしまうと、その流れが続いてしまいます。時短勤務を選ぶ場合でも、目安となる期間を設定したり、会社とキャリアプランについて話し合ったりすることで、キャリアに対して前向きであることを会社や家族に理解してもらうことも重要です。

時短勤務制度は、ワークライフバランスを実現する有効な手段です。しかし、漫然と利用を継続すると、意図せずキャリアの選択肢を狭めてしまう可能性があります。

フルタイムへの復帰時期やキャリアの方向性を明確にしておくことで、将来的なキャリア形成への影響を最小限に抑えることができます。

4 「こうあるべき呪縛」と「残像問題」

厚生労働省の「令和4年版 厚生労働白書―社会保障を支える人材の確保―」（2022年）によると、共働き世帯は7割にのぼります。とはいえ、女性がキャリアを継続するのはまだ容易ではない社会です。

時短勤務によって仕事の継続がしやすくなったとしても、キャリアとして積み上げていくことは難しくなってしまったり、そもそも保育園に入園することが叶わなかったり。また、全国家庭動向調査（2022年）によると、家事の8割を女性がやっているそうです。女性が正規雇用の場合に絞ると、女性が家事の8割を担っている家庭が5割。女性が100％やっている家庭も、約1割あるといいます。

女性のキャリア継続を阻む壁は他にもあります。それが、「こうあるべき呪縛」と「残像問題」です。

家族や会社としっかり話して万全の体制で復職したとしても、知らず知らずのうちに植え付けられた、「こうあるべき」に苦しむのです。

・子どもが小さいうちは、母親がそばにいるべき
・母親が家事や育児をメインで行うべき
・子どもが体調不良の時は、母親が迎えに行くべき
・母親は夜に外出や仕事の予定を入れるべきではない
・子どもより仕事を優先するのは自己中心的ではないか

これらの「こうあるべき」に縛られ、いつの間にか女性はプレッシャーを感じていませんか？

我が家の子ども達は2人とも、0歳の頃から保育園に通っていましたが、「そんなに働いて子どもがかわいそう」「子どもが小さいのに、なんでそんなに働くの？」と上司に言われたこともあります。**周囲の声に心を痛め、揺れることもありますが、さらに厄介なのは、何も言われていなくても、自分自身が作り出す「こうあるべき」に縛られて苦しめられたことでした。**

(1)「残像問題」とは？

私は第一子の育休後、マネージャーとしてフルタイム復帰しました。復職前の面談で、「マネージャーを降りて、時短で復帰するよね？」と聞かれましたが、時短勤務にしても結局は仕事を徹底的にやってしまうだろうし、マネージャーを降りた後、「以前の自分の残像」に引っ張られてやり

にくくなると感じました。

「残像問題」とは、育休前に制限なく働けていた自分やマネージャーとしての役割を果たしていた自分の姿に引きずられる現象です。産休・育休前の自分を知っている人が周りにいるため、その記憶に縛られてしまうのです。

私のケースを用いて詳しく説明します。

以前の私は長時間働き、責任ある仕事をこなすことが当たり前でした。しかし、育休から復帰した後は、子どもとの時間を確保しながら働く必要があります。にもかかわらず、職場の同僚や上司の頭の中には「以前の私」が残っており、「前と同じようにできるはず」「マネージャーとして期待している」と無意識のうちに求められることがあります。周囲のそうした期待に応えようとすると、ワークライフバランスが崩れ、無理をしてしまうのです。

さらに厄介なのは、こうした残像を周囲だけでなく、自分自身も見続けてしまうことです。「以前はこれくらいできたのに」「なぜ今の私は同じように働けないのか」と、過去の自分とのギャップに苦しむことがあります。自分が変わったのではなく、置かれた環境が変わっただけなので、「もっと頑張れるはず」と思ってしまうのです。

こうした「残像問題」は、ただの職場復帰の課題ではなく、キャリアを継続する上で大きな心理的負担となります。特に、責任ある役職に就いていた人ほど、「今まで通りのパフォーマンスを発揮すべき」というプレッシャーに押しつぶされそうになることが多いのです。

(2)「残像問題以外」の大きな壁

ライフステージの変化に伴う問題は残像問題だけではありません。次のような壁にも直面することがあります。

①働く時間帯が固定されるのがつらい
②仕事をがんばりたいのに肩身が狭い
③アンコンシャスバイアス(無意識の偏見)に直面し、心が痛む

1つずつ見ていきましょう。

①働く時間が固定されるのがつらい

「足し合わせて8時間なら働ける」

「その日の労働時間が足りなくても、1ヶ月で8時間×営業日数であれば働ける」

ということはあると思います。

しかしながら現実は、その日の労働時間が足りなかったら控除。抜けるたびに、周囲に謝る日々です。そうなると、「時短勤務の方がいいのかな」「いっそのこと辞めた方がいいのかもしれない」という考えが、ムクムクと湧き起こります。

「通勤時間をなくして足し合わせて8時間なら働けるけど、制度上無理だから」と、キャリアを諦めた人を沢山みてきました。私も転職活動中、どんなにいい会社だと思っても、働く時間が固定の会社は選べませんでした。

②仕事をがんばりたいのに肩身が狭い

「時短で働かせてもらっている」「急な休みで組織に迷惑をかけている」という気持ちを持つ人も多いです。「少しでも挽回しよう！　と仕事を持ち帰って家で仕事をしていると、家族の視線が痛い」という相談もよくあります。

会社でも家でも居場所がない。応援されてない気がして、心が折れてしまうのです。

③アンコンシャスバイアス（無意識の偏見）に直面し、心が痛む

「夫と協力して乗り越えよう！」と夫婦でワンチームになっても、アンコンシャスバイアスの圧に

押しつぶされそうになることがあります。

前述の「こうあるべき」に加えて、私自身が体験してモヤモヤしたことは、

- 子の緊急時の連絡先を夫にしていても、当然のように母親である私に電話がかかってくる。
- 子どもが体調不良の時に母親が行くのは当たり前だけど、父親がいくと「お父さん来てくれたんですね！」となる。
- 「小さな子どもがいるから、この仕事は無理だろう」と気を遣われて、チャンスが回ってこない。

複雑なモヤモヤと、「私は母親失格なのかもしれない……」と、働く罪悪感を抱えながら働いていました。

(3)「残像問題」を強制リセットする方法

私は、残像問題を乗り越えることはできませんでした。

限界まで働き、夫と共に疲弊し、最終的に退職を決意しました。そこで、選んだのは「以前の自分を知らない会社」に転職することでした。**過去の自分の残像をリセット**するための決断でした。

この作戦は、一定効果がありました。

新しい会社では「定時で帰る森数さん」が通常モードとして受け入れられており、早く帰ることに対する罪悪感からも解放されました。

しかし、完全に残像をリセットできたわけではありません。自分自身が「以前の自分」を知っているからです。「前のように働きたい」「あの頃のようにやれるはずだ」という思いを捨てきれない自分がいました。

「ライフイベントがあったからこそキャリアを見直すことができて、いい機会だった」と自分に言い聞かせ、6年間は働く時間をセーブし、その間に社会保険労務士の資格を取得しました。いつか再び以前のように働ける（キャリアアクセルを踏める）時が来ると信じ、準備を続けたのです。

(4)「残像問題」が解消される時

キャリアアクセルを踏み直すことで、残像問題は解消されました。

大きな要因は、フルリモートワーク×フルフレックス制度のおかげで、働き方が柔軟になったことです。これにより、以前の自分に縛られることなく、新しい働き方で多くの壁を乗り越えることができています。

ただ、働く罪悪感はまだあります。

夕方にご飯を作るために抜けて、またすぐパソコンの前に戻る。子どもと過ごす時間は意識的に決めてとっていますが、家にいても「ずっと仕事している人」になっているので、子ども達は我慢しているだろうと思います。

「過ごす時間の長さより質だよね」と思いながらも、毎日葛藤しています。

働く罪悪感は、「こうあるべき呪縛」から解放されていないことを示しています。この呪縛を解けるのは、「パートナーの言葉と行動」だと考えています。自分ではなかなか手放すことが難しいのです。なぜなら、「相手のためにやらないといけないこと」だと思い込んでいるからです。

5 「家族はチーム」という考え方とファミリーキャリア

ここまでは女性のライフステージ変化についてが中心でしたが、ライフステージの変化によるキャリア戦略に悩むのは、女性だけではありません。この章の冒頭で述べたように、近年では男性の相談者も急増しています。**男性も家庭と仕事のバランスに苦しむケースが増えており、次のような相談がよく見られます。**

・妻の育休復帰を前に、働き方を変えたい。
・地方に移住したが、出社が増え、育児に協力できない日が多くなり、妻が疲弊している。
・自分の育休取得をきっかけに、今後のキャリアについても考え始めた。

我が家の場合は、妻の私がキャリア選択を変えるという意思決定をしたので、夫は「自分も変化を選ぶ」タイミングを見つけにくかったかもしれません。当時は、ライフイベントによりキャリアを変更せざるを得なかったと感じていましたが、そのおかげで今のキャリアがあります。その意味では、**キャリアを選び直さないといけない方が、必ずしも犠牲を払うわけではない**とも言えます。

いずれにせよライフステージの変化により、夫婦いずれかにキャリアへの負担を強いるかもしれないという問題に悩みは尽きません。しかし近年、家族をチーム単位で捉えてキャリアを考える概念が登場しました。

・「ファミリーキャリア」の考え方

ファミリーキャリアという言葉をご存じでしょうか？

ハーバード・ビジネス・レビューで紹介されたこの概念は、夫婦や家族が一緒にキャリアを計画し、人生全体のバランスを考慮するというものです。**共働き家庭において、どちらか一方が犠牲になるのではなく、双方がキャリアを築きながら家族としての生活を充実させる**ことを目指します。

ファミリーキャリアでは5つの型が紹介されています。

我が家では、**「家族はチーム」**という考え方が基本です。チームとして、どのような役割を、誰が担うかをその時々で話し合い、決めてきました。

出産前は「並行型キャリア」でしたが、子どもが幼い間は夫がキャリアの主導を担う「リード・キャリア」の形に移行しました。特に、第二子出産後は夫が主に収入面を支え、私は仕事を続けながらも家庭や育児に注力していましたが、今では再び「並行型キャリア」に戻っています。

重要なのは、「ファミリーキャリアの形は、状況に合わせて変化させるもの」であるということです。どちらかが一時的にキャリアのペースを落とすとしても、それを永続的な状態と決めつけず、都度話し合いを行うことが必要です。

「夫は私が働くことに反対で、家事育児を完璧にやるなら働いてもいいと言われています」や、「妻には仕事ばっかりしないで、もっと家事育児の時間を増やすよう言われているので転職を検討しているのですが、年収は落とさないようにと釘を刺されています」というご相談があります。残念ながらこれはファミリーキャリアから程遠い状態です。

そのようなご相談に対し、私は「家族はチーム」であると伝え、「チームとしてどういう状態が望ましいのか?」について話し合うことをお勧めしています。**片方からの一方的な要求や、現実的**

ファミリーキャリアの5つの型

1．シングル・キャリア

・概要:夫婦の一方がキャリアに全面的に注力し、もう一方は家事や育児、介護などの生活面をサポートする、従来型のモデルです。

・特徴：働く側と支える側の役割が明確で、意志決定が比較的スムーズに進みやすい。

・例：専業主婦・主夫の家庭で、どちらか一方だけが働く場合。

2．リード・キャリア

・概要：一方のキャリアが主導的であり、主な収入源となるが、もう一方もパートタイムやフリーランスなど、柔軟な形で働くというモデルです。

・特徴：一方がキャリアに注力し、もう一方が柔軟な働き方をすることで家庭内でのサポート体制が整っている。

・例：夫が正社員で働き、妻がパートやフリーランスで働くケース。またはその逆。

3．交替型キャリア

・概要：夫婦が互いにキャリアの優先順位を交替しながらサポートし合うモデルです。一定期間は一方がキャリアに集中し、その後にもう一方がキャリアを優先するモデルです。

・特徴：時期や状況に応じて、夫婦のどちらがキャリアの主役になるかが変わるため、互いにバランスを取りながらキャリアを築くことができる。

・例：夫がMBA取得中は妻がサポートし、卒業後は妻がキャリアを優先して夫がサポートするケース。

4．並行型キャリア

・概要：夫婦双方がキャリアを重視し、互いにサポートし合いながら、どちらもキャリアを発展させるモデル。パワーカップルと呼ばれることもあります。

・特徴：夫婦が両方ともフルタイムでキャリアを追求し、互いキャリアを高め合う。

・例：夫婦ともにフルタイムでバリバリ働き、キャリア向上を目指す。

5．補完型キャリア

・概要：夫婦が異なる時間帯やキャリアフェーズで働き、繁忙期が重ならないようにして家庭生活を調整するモデル。互いの仕事が重ならないことで、家庭内での負担を分散できる形です。

・特徴：仕事の性質や働く時間帯が異なるため、家庭の維持や育児において柔軟に対応できるなど、補完し合える。

・例：夫が夜勤、妻が日勤で働くなど。

に難しい要求を受け入れていると、いつか必ず大きな歪みになります。並行型を貫くなら、どのように家庭と仕事を両立させるかを話し合わないと、我が家のように疲弊して、突然退職を選択するということになってしまうかもしれません。

お互いが納得のいく形でキャリアと家庭の役割分担を決めていれば、「どちらかが犠牲になっている」という気持ちは軽減されるはずです。

一方で、ファミリーキャリアの形がどのようなものであれ、仕事や育児、家事に費やす時間の配分は夫婦で異なる場合が多いでしょう。ここで**重要なのは、「あくまで役割分担であり、どちらが上でどちらが下ということではない」という共通認識を持つこと**です。

また、不満がうまれやすいのは、「自分の意思で自由に過ごせる時間の長さの差」です。時短勤務で、仕事をしている時間がフルタイムより短かったとしても、家に帰ってから家事育児する時間をトータルすると自由時間が1日1時間もない妻と、仕事時間はフルタイムで妻よりも長いけど、その後ジムに行ったり、英会話に行ったりしてから帰ってきて、家事育児をせず、自由時間を2時間確保している夫の場合では、夫に対して妻の不満はたまっていきます。逆もまた然りです。

「家族として何を大事にするか」についてしっかりと話し合っていないと、徐々に不満が積もっていきます。**「こうあるべき」という価値観や、「こうだろう」という勝手な解釈で家庭を運営しようとすると、チームとしての機能がうまく回らなくなってしまいます**。

6 「キャリアアクセル」を踏むタイミング

ライフステージの変化によって**キャリアのブレーキを踏まざる得ないタイミングがきても、またアクセルを踏めるタイミングはやってきます。**

私は、上の子が小学校に上がる1年前と、下の子がいわゆる「小1の壁」を乗り越えたタイミングの2回、キャリアアクセルを再び踏む決断をしました。

上の子が小学校に入学する1年前に転職を決めた理由は、「最初の1年でしっかりと実績を出せば、子どもが小1になって親としてのスケジュールが増えても、パフォーマンスに支障はないだろう」と考えたからです。また、下の子が小1の壁を越えた後には、再びアクセルを全開にしてキャリアを本格的に追求したいと夫にも話していました。

当時は、小学校に入ると親の参加する行事が増えることや、午前中で終わる日が多いこと、さらに習い事のスケジュール調整など、細かなことまでは想像できていませんでした。それでも、中学受験をする予定もなかったし、このタイミングでアクセルを再び踏むことができるだろうという計画を立てていました。

振り返ってみると、保育園の年中・年長の頃が最も仕事に集中できる時期だったかもしれません。保育園に通い始めた頃は、子どもが頻繁に体調を崩し、週の後半になると疲れからまた体調を崩すことが多かったのですが、年中になる頃には「あれ？今週1日も休んでいない！」という日が増え、それが日常となりました。「子どもがいつ体調を崩すかわからない」という心配が減ると、仕事の予定が組みやすくなり、結果として「小学校に上がる1年前」のタイミングでプチアクセルを踏んだのは正解だったと今でも思っています。

「子どもと過ごせるのは期間限定だから、なるべく一緒にいたい」という気持ちはとてもよく理解できます。しかし、その期間が終わった後、「自分はどうなるのか？」と考えることも大切です（もちろん、どちらが正解ということではなく、あくまで考え方の話です）。

以前読んだ瀬尾まいこさんの『そして、バトンは渡された』に、「子どもを持つと明日が2つになる」という言葉があり、深く印象に残っています。「自分の明日と、子どもという多くの可能性を含んだ明日がやってくる」という意味です。確かに、親になることで未来が広がり、明日が2倍になる感覚はあると思います。

しかし、「一緒に見ていた明日。2つ見ていた明日は、また1つになる時が来る」とも感じています。**子どもは成長すると自分のコミュニティを作り、いろんな可能性を手にして巣立っていきます**。別々の明日になるわけです。

「子どもが巣立った後、自分に何が残るのか？」と考えた時に、私は「自立していたい」と強く思いました。**「子どもありきの私ではなく、私は私として生きていたい」**と感じたのです。私の場合、そのための手段が「働くこと」でした。もちろん、手段は人それぞれですが、「自分が大切にするものを見据えて、キャリアアクセルを再び踏むタイミングを計画し、パートナーや家族と話し合っておく」ことが重要です。

7 柔軟なキャリア形成を実現するための準備

キャリアの転機は、突然訪れることがほとんどです。その時になって慌てるのではなく、事前にある程度の計画性を持ってキャリアを進めることが大切です。

ただし、計画性を持つことは、「キャリアゴールを決め、その道を確実に進むこと」とは違うということは、本書をここまで読んでくださった読者の皆様ならおわかりいただけると思います。

柔軟なキャリア形成を実現するためには、キャリアを主体的に選べる状態にしておくことがポイントです。選べる状態とは、いくつもの選択肢があり、自分に合ったものを選べる状況を指します。それはすなわち、「選ばれる存在」でもあることを意味します。

これまでの章では、過去から自分を知り、キャリアの中核となるものや、価値観に基づく選択基準の明確化を行ってきました。しかし、**ただ「自分を知る」だけでは、誰にも気づいてもらえません。自分の持つ強みや魅力を、周りに伝わる形で表現する必要があります。**

もしかすると、就職活動や転職活動で思うように結果が出せず、「選ばれない自分に価値がない」と感じている方もいるかもしれません。でも実際には、選ばれない原因は、自分の魅力をうまく表現できていない、伝わっていないだけかもしれません。相手（情報の受け取り手）に全てを委ねるのではなく、自分自身が伝えたいことを理解し、相手にわかる形で伝えることが大切です。

ライフステージの変化は、私たちのキャリアに大きな影響を与えます。本章では、これらの変化にどう向き合い、対応していくかについて見てきました。

重要なのは、ライフイベントを見据えて早めにブレーキを踏むのではなく、必要なタイミングまでキャリアの成長を追求することです。また、時短勤務という選択は、一時的な対応としては有効ですが、長期化によってキャリアの機会損失につながる可能性があることも理解しておく必要があります。

「こうあるべき」という呪縛や、育休前の自分の姿に引きずられる「残像問題」は、多くの人が直面する課題です。これらを乗り越えるためには、「家族はチーム」という考え方を持ち、パートナーと共にファミリーキャリアを設計していくことが大切です。

完璧なワークライフバランスを目指すのではなく、その時々の状況に応じて柔軟に対応していく。そして、子どもの成長に合わせて再びキャリアアクセルを踏むタイミングを見極めていく。このような柔軟な姿勢が、ライフステージの変化を乗り越える鍵となります。

次章では、こうした柔軟なキャリア形成を実現するための具体的な方法について、さらに詳しく見ていきます。

第6章まとめ

キーポイント

- ライフステージの変化は予測が難しく、イレギュラーが起きやすい
- 事前にキャリアブレーキを踏むのではなく、その時がくるまではアクセルを踏み続ける
- 「家族はチーム」と捉え、ファミリーキャリアを考える

実践に向けて

- キャリアの成長機会を最大限に活用する
- 「こうあるべき呪縛」や「残像」にとらわれていないか考えてみる
- 家族とこの先のキャリアと働き方について話し合う

は約２回と少なく、転職への意識の違いが浮き彫りになります。この差の背景には、転職による処遇の変化が大きく影響しています。リクルートワークス研究所の2023年の調査によると、日本では転職によって年収が増える人が約45%程度だったのに対し、アメリカ、フランス、デンマーク、中国では70～90%の人の年収が上がっています。

キャリア教育の面でも、日本と欧米では大きな違いが見られます。日本のキャリア教育は職業体験や進路指導が中心です。一方、アメリカやヨーロッパの多くの国では、専門のキャリアカウンセラーが学校に常駐し、個人の適性や興味に基づいた専門的なキャリアガイダンスを提供しています。そのため、学生は早い段階から自身のキャリアについて主体的に考える機会を持つことができます。

今後の日本型キャリアは、どのように発展していくべきでしょうか。終身雇用制度の利点を活かしながらも、個人の成長とキャリア発展の機会を広げていく必要があります。そのためには、以下の３つの改革が重要だと考えられます。

1．**企業による社内人材育成の強化と、社外でのキャリア構築支援の両立**
2．**転職市場の活性化と、職務や能力に基づく処遇制度の確立**
3．**早期段階からの専門的なキャリア教育の導入と、生涯学習支援の充実**

これまでの日本型雇用システムの良さを活かしながら、新しい時代に即したキャリア構築の在り方を模索していく時期に来ています。一人ひとりが自身のキャリアを主体的に考え、構築していける社会の実現を目指していきましょう。

Column

日本型キャリアの転換期：理論と実践の新たな展開

欧米で終身雇用が一般的だった1960年代から1980年代にかけては、１つの企業で長期的なキャリアを築くことを前提とした「静的なキャリア理論」が主流でした。しかし、バブル崩壊後の1990年代になると、グローバル化や技術革新による産業構造の変化を背景に、企業のリストラが進み、終身雇用の概念が薄れていきました。

一方、日本に目を向けると、高度経済成長期に確立された終身雇用制度は現在も根強く残っており、多くの企業では新卒者を一括採用し定年まで雇用する慣行が続いています。しかしながら、2019年の講演で、日本自動車工業会会長であったトヨタ自動車の豊田章男社長（当時）は「雇用を続ける企業へのインセンティブがもう少しないと、なかなか終身雇用を守っていくのは難しい局面に入ってきた」と言及しました。これは、日本型雇用システムの転換点を象徴するものと言えます。

では、働く人々の意識はどう変化しているでしょうか。2024年度調査によると、新卒採用者の約70%が終身雇用の継続を望んでいます。少なくとも就職をするタイミングでは、就職ではなく就社の意識はまだまだ強いと言えます。しかし、キャリアを重ねるにつれて、スキルアップや処遇改善を求めて転職を希望する人が増えています。厚生労働省の労働力調査によると、2024年の転職希望者は約1000万人に達していますが、実際の転職者数は年間約300万人程度で推移しており、希望と現実の間にギャップが生じています。

転職市場の国際比較からも、日本の特徴が見えてきます。アメリカでは生涯の転職回数の平均が11.7回であるのに対し、日本の平均転職回数

第 7 章

過去から未来をつくるための行動

良質な意思決定には、情報の量と質が重要です。第5章でもお伝えした「判断軸」を活用し、自分にとって必要な情報を選び、正しく判断していきましょう。

視野を広げるための情報収集やキャリアの整理などについてはここまででお話してきました。しかし、思考が変わっても行動しなければ未来は変わりません。本章では、これまで学んだことを実践に移すための具体的な方法についてお伝えします。

1 SNSを活用したキャリアアクション

右の見出しを見て、「SNSで発信なんて、私には向いていない」「実名でやるのは嫌だ」「炎上が怖い」――そんな不安や抵抗感を持つ方は少なくないでしょう。かつての私もそうでした。

しかし、SNSでの発信には、あなたのキャリアを大きく変える可能性が秘められています。かつては、認知を広げるためにはメディアの後押しが必要でしたが、今ではSNSなどの発信プラットフォームが増え、個人でも広く情報を届けられる時代になりました。まずは、キャリアのコアとなるテーマや大切にしている価値観について、自分の考えをSNSで発信してみることから始めてみるのはどうでしょうか。

SNSの発信手段には次のようなものがあります。

- 長文での発信：ブログ、note　など
- 文章での発信と交流：Linkedin、Facebook　など
- 音声での発信：Podcast　Voicy　など
- 短文での発信と交流：X（旧Twitter）　など

自分に合った発信手段を選ぶことが大切です。文章を書くのが得意であればブログ、話すのが好

きならPodcastなどの音声メディア、短文の発信が続けやすければX（旧Twitter）がおすすめです。最も重要なのは、継続できる方法を選ぶことです。まずは、自分が楽しく続けられる方法から始めてみてください。

私がXでの発信を始めたのは2017年で、株式会社Misoca（現：弥生株式会社）でエンジニア採用を担当していた時期です。2016年にアカウント登録していたものの、放置状態でした。同僚エンジニアから「エンジニア採用をしているなら、担当者がXを活用しないのはもったいない」と助言を受け、一念発起して発信を開始しました。最初のフォロワーは社内のメンバーのみでしたが、それでも継続していきました。

その後、所属企業ごとに発信の目的を変えて、続けてきました。株式会社Misocaでエンジニア採用をしていた頃は、「非エンジニアから見たエンジニアの世界」と「社内のリアルな様子」を中心に発信し、社内の様子が伝わるよう意識をしていました。次の株式会社キャスターで採用代行事業の責任者をしていた時には、採用のプロとして認知されることを目標に、採用に関する数字分析方法や選考ノウハウなどを発信しました。

また、株式会社ミライフで転職エージェントをしていた際には、キャリア戦略家として認知されることを目指し、キャリアに関する考え方や戦略について発信し、株式会社Your Patronum創業後は、組織課題解決のプロとしての認知を得ることを意識した発信にシフトしました。

現在は、X、Voicy、noteを中心に活動しています。私は文章を書くのが好きなので、noteで書いた内容をVoicyの原稿として活用しています。Xの方が得意な方は、Xで反応がよかったものをnoteなどで記事にする、という順番もよいと思います。

発信の際に大切なことは次の3点です。

- **継続すること**：続けることが何より大切です。まずは3ヶ月と決めて、やりきりましょう。
- **相手にとって価値のある情報を届けること**：自分が発信できるテーマの中から、相手の役に立つ内容を優先的に発信していきましょう。
- **言葉のインパクトを意識すること**：誰かを批判したり、否定するような発言は避け、ポジティブで建設的な表現を心がけましょう。

日々の発信を通して、自分のキャリアテーマや価値観を他者に伝えることは、思わぬチャンスやつながりを生むきっかけにもなります。自分の発信が、誰にどんな風に伝わっているかを検証できるのもSNSのよいところです。

株式会社Misocaから株式会社キャスターに転職したキッカケはXでの発信でした。当時の上司が私の発信を見ていて、「エンジニア採用に詳しい人だから、サービスを任せたい」と思ったようです。

2 職務経歴書は自己発見ツールであり、自分企画書である

キャリアや転職のためとはいえ、いきなりＳＮＳ発信は難しい……と考える人は、「職務経歴書」に取り組んでみるのがよいでしょう。多くの人にとって、「職務経歴書は、転職活動時に必要だから作成するもの」という印象が強いかもしれません。しかし、**職務経歴書をただの「応募書類」ではなく、「自己発見ツール」や「自分企画書」として位置づけると、私たちのキャリア形成にとって大きな意味を持つものへと変わります。**

現在転職活動を考えていない場合でも、「自分企画書」としての職務経歴書は作成することをお勧めします。詳細は章末のコラムで解説しますが、これにより、これまでの経験がもたらした学びや強みを問い直し、未来のキャリアを描くための指針を得られるでしょう。

また、一度作成した職務経歴書は、定期的に更新していくことでキャリアの進捗を確認し、**自己成長を促す「羅針盤」**としても機能します。

さらに、自己点検のポイントとして、次の観点を加えるとよいでしょう。

- **これまでと比べて、できることが増えているか**
- **再現性のあるプロセスが確立されているか**

年末やプロジェクト終了後、評価面談の時期など、タイミングを決めて定期的に振り返りの機会を設け、職務経歴書を更新することで、経験が積み重なり価値あるキャリアの資産になります。

3 キャリア可能性を最大化する、勝てる職務経歴書のつくり方

⑴ 職務経歴書の構成と書くべき要素

職務経歴書の作成に取り組む際、「職務経歴書 テンプレート」でインターネット検索すると、たくさんテンプレートが出てきます。よくある形式は、時系列でやってきたことを並べていく年表形式のものです。

時系列で列挙しても長くなりすぎない人で、やってきた事をそのまま活かして転職する人であれば、この形式で十分です。しかし実は、この形式が適している人はほとんどいません。

年表形式だと、記載内容に重複が多くなったり、やってきた期間の長さに分量が比例しがちで、焦点を当てたいところがボケてしまいます。

職務経歴書は、ただ経験を羅列するのではなく、読み手に必要な情報を効果的に伝えることが大切です。

職 務 経 歴 書

20xx 年 xx 月 xx 日現在
氏名　○○ ○○

■職務要約
株式会社○○○○○に入社後、約 X 年間にわたり法人営業として新規開拓および既存顧客のフォローを担当しました。特に新規顧客の獲得に注力し、顧客ニーズの分析をもとに提案型営業を実施。その結果、売上 XX%増加を達成し、社内表彰を受賞しました。

■職務経歴

<table>
<tr><td colspan="3">20xx 年 xx 月～現在　　株式会社○○○○○</td></tr>
<tr><td colspan="2">事業内容：○○業界向けソリューション提供
資本金：X 億 X 千万円（20XX 年度）　売上高：X 億 X 千万円（20XX 年 XX 月）
従業員数：xxx 人　上場：東証一部上場</td><td>正社員
として勤務</td></tr>
<tr><td rowspan="2">20xx 年 xx
月
～
現在</td><td colspan="2">○○営業部　法人営業担当</td></tr>
<tr><td colspan="2">【業務内容】
・法人顧客向け新規開拓営業（年間 X 件の新規契約獲得）
・既存顧客への提案営業（年間 X 社担当）
・顧客課題のヒアリングおよびソリューション提案
・契約締結およびアフターフォロー
・営業戦略の策定および実行

【主な実績】
・X 年連続で営業成績トップ（○○エリア○○名中）
・新規契約数前年比 XX%増加</td></tr>
</table>

■PC スキル

Word	文書作成、フォーマット作成、社内報告書作成レベル
Excel	表作成、データ集計、関数（VLOOKUP・ピボットテーブル）
PowerPoint	提案資料作成、プレゼンテーション資料作成

■資格

普通自動車第一種免許	20xx 年 xx 月取得

■自己 PR
＜目標達成に向けた業務改善力＞
新規顧客獲得を強化するため、営業手法を見直し、提案型営業を推進しました。
顧客ごとの課題を分析し、最適なプランを提示することで、契約獲得率が XX%向上。さらに、営業チーム内でノウハウを共有し、部門全体の売上向上に貢献しました。

よくある年表形式の職務経歴書フォーマット

（2）転職時の職務経歴書で重要な3点

①どこに向かうのか：キャリアの方向性
②なぜそこへ転職しようとするのか：転職の目的と理由
③どうしてそこへ転職できると思うのか：過去の経験に基づく根拠

この中でも、特に書類選考において重要なのは「③どうしてそこへ転職できると思うのか」です。

これをはっきりさせるためには、**募集している仕事内容と類似した経験があるかという「類似性」**と、**これまでの成果は偶然ではなく再現可能かという「再現性」**の2つを意識してください。

類似性は、「経験（やってきたこと）」で示します。

書類選考をする人が、その仕事に詳しいとは限りません。現場からオーダーされた採用要件のキーワードがあるかどうかを、職務経歴書を斜め読みしながら探している可能性もあります。そのため、応募職種の関連キーワードを盛り込んでいきます。**キーワードを見つけやすいように、経験は箇条書きで表現しましょう。**

募集企業は、毎日多くの応募書類に目を通しています。長すぎる文章は読み手に負荷を与えますので、「この内容は何のためにあるのか」を明確にして書きましょう。

再現性は、結果とその結果に至ったプロセスをセットで示します。ある実績を職務経歴書に書いたとき、それを読んだ担当は次の2つを思い浮かべています。

- **たまたまその会社でだから結果を残した人なのか？**
- **うちの会社でも結果を出してくれる人なのか？**

当然、後者だと思ってもらう必要があります。

しかし、実績欄に結果だけを書いていても、再現性は示せません。詳しくは、第2章の8で解説したように、再現性を示せる数値やエピソード情報を書き出してみてください。

まずは思い出せるだけエピソードを書き出します。その中で、今回の応募で必要とされるエピソードはどれかを考えて、1つか2つに絞ります。

そして、最初に結果を示し、その後にそこに至るまでのプロセスの順で書きます。

【例1】新規開拓の営業力を示す

具体的なアプローチが書かれていないので、再現性を示すには内容が乏しい。

NGの表記

未取引企業の開拓に成功：取引実績はないが、会社として取引したい企業リストに載っていた企業に何度も諦めずにアプローチしたことで、開拓することができた。

↓

OKの表記

未取引企業の新規開拓率30%増加：ターゲット企業に対して、関連部門や周辺部署のキーパーソンとも信頼を築き、複数部門を巻き込む戦略を展開することで、新規開拓率が向上。

・数値の明示
成果を「新規開拓率30%増加」という具体的な数値で示しているため、成果のインパクトが明確に伝わります。

・プロセスの具体性
ターゲット企業へのアプローチを、「関連部門やキーパーソンと信頼を築き、複数部門を巻き込む」という具体的な方法で説明しており、再現性を感じられます。

・戦略的な工夫
通常の営業活動だけでなく、複数部門を巻き込んだアプローチ方法を採用している点で、戦略性が伝わり、説得力が増します。

【例2】業務改善のスキルを示す

社内文書データが点在していることでどんな問題が起きていて、この行動をすることで、どのような結果になったのか。

Before／Afterがわからない。主体的に起こした行動なのか、会社に言われてやったことなのかなども読み取れない。

NGの表記

業務効率向上に貢献：社内文書データが点在しているという課題があり、情報を集約するための社内ポータルサイトの制作を行なった。

↓

OKの表記

全社員が使用する文書管理システムを改善し、年間300時間の工数削減を実現：部門横断で散在していた約1000件の文書データの非効率な管理状況を調査・分析。その結果を基に、直感的な検索機能を備えた社内ポータルサイトを企画・提案。IT部門と連携して3ヶ月で構築し、文書検索時間を1件あたり20分から5分に短縮。加えて、部門間のナレッジ共有が活性化し、新人研修期間も2ヶ月から1.5ヶ月に短縮された。

・Before／Afterの効果
課題の内容（情報が見つかりにくい）とその解決後の効果（検索時間が20分から5分に短縮）を具体的に示しており、どれだけ効率化されたかが明確です。

・成果の定量化
「約300時間／年の作業時間削減」という具体的な数値を示すことで、成果の規模が伝わりやすく、貢献度が明確です。

・プロセスの具体性
単に「制作」したのではなく、課題に対する提案から実行まで主体的に取り組んだことを示しており、実行力と問題解決力が伝わります。

保有スキル

- 予算実績管理、売上管理・分析
- 日次・月次・年次売上レポート、PL管理
- 在庫管理、備品管理・購入、伝票管理、現金出納管理
- 日商簿記2級相当の知識（受験予定）

①何ができるのか、何者なのかを示す。

職務経歴詳細

株式会社ユアパト

2013 年 4 月～現在

エリアマネージャー（東海５店舗）

- 担当エリアの予算作成および実績管理
- 各店舗の売上管理・分析、レポート業務
- 各店舗の収支データ分析
- 運営改善策の企画・実行
- スタッフシフト管理と労務管理
- スタッフ教育、マネジメント業務

②類似性を意識して相関の強いものから順に箇条書きで書く。

［実 績］

利益率を5%向上

各店舗の収支データを基に損益分岐点を分析し、各店舗ごとの収益性向上に向けた施策を導入。これにより、エリア内の平均利益率を5%向上させました。

③結果とプロセスをセットで書くプロセスは２～３行に収める。

職務経歴書の全体構成のポイント

職務経歴書の全体構成も大切です。

読み手は、応募書類を上から読んでいきます。しかし、途中で**「今回求めている人と違う」と思ったら最後まで読むことはしません**。そのため、職務経歴書の一番上に何を書くかが重要です。

一番上には、**「何ができる人なのか」**を示す内容を書きます。その下に続く職務経歴詳細は**「できる根拠」**を示します。できる根拠とは、先ほどの類似性と再現性のことなので「経験」と「実績」で示します。

まずはこの原理を頭に入れてください。

次に作業する順番ですが、これにもコツがあります。一番上の「何ができる人なのか」から書こうとすると大抵うまくいきませんので、必ず次のステップで取り組んでください。

（3）職務経歴書の作成ステップ

①応募職種に必要な「経験」を知る
②これまでの経験の中から①との類似点を探す
③類似しているものを中心に、経験を箇条書きで記載
④応募職種に必要な「能力」を知る
⑤実績エピソードの中から、④の能力を示せるものを探す（複数ある場合は、示す能力が重複しないよう1つか2つに絞って記載）
⑥自己PRでは、人柄や志向性などのソフト面を示す
⑦未経験職種に応募する場合は、その職種を志望する理由を書く
⑧資格や使用可能ツールなど、できる根拠を示すのに活用できるものを書く
⑨最後に、冒頭の「何ができる人なのか」を記す

順に説明していきます。

①応募職種に必要な「経験」を知る

転職志望先について情報収集を始めた際は、応募したいと思っている求人票以外にも、3つほど似た職種について、いくつかの求人サイトで調べ出しましょう。次に「〇〇（職種名）仕事内容」

などと、仕事そのものを検索します。**ここでチェックするのは募集要項ではなく、仕事内容です。**「募集要項に書かれている要件に満たない」という理由で、応募することを断念する人は少なくありません。ですが、企業も悩みながら採用要件を決めており、その要件は絶対視していません。「担当して欲しい仕事内容を実行できる人はどんな人だろう」と、業務をイメージしながら募集要項を書いているのです。

②これまでの経験の中から①との類似点を探す

第2章の6をまだやっていない人は、一度戻って参考にしながらピースを書き出してください。そして、分解したピースから①と似たものを探していきます。

例えば、アパレルの店長が、事業会社の経理に転職する場合を考えてみます。

〈店長業務のピース〉

- **接客・販売**：来店客への接客、クレーム応対
- **在庫管理**：商品在庫の確認と補充、発注管理
- **商品ディスプレイ**：店内ディスプレイの作成・変更
- **売上管理**：日次・月次の売上集計、売上目標の設定と管理
- **シフト管理**：シフト作成、勤怠管理、給与計算

- **スタッフ管理・育成**：採用、育成、評価
- **予算管理**：予算立案と実績管理
- **入出金管理**：日々のレジ業務、売上集計、キャッシュフロー管理
- **データ分析**：売上データや顧客データの分析、改善点の見直し
- **販売促進**：イベントやキャンペーン企画・実施、ＳＮＳやＷｅｂサイトでの集客活動

経理業務も同じように①の調査から書き出してみます。

〈経理業務のピース〉

- **日次・月次の売上集計**：売上データの確認・集計、店舗や部門ごとの売上の記録
- **経費管理**：各部署や店舗からの経費精算書の確認、経費計上と分類
- **支払業務**：取引先や仕入先への支払い処理、振込や請求書の確認、支払期限の管理
- **入金確認**：売掛金や小口現金の入金確認、売上の銀行入金処理の確認
- **現金出納管理**：現金の収支管理、日々の現金残高確認、小口現金管理
- **請求書発行・管理**：取引先への請求書発行、未収金の管理と回収対応
- **仕訳入力**：取引内容に基づいた仕訳の入力、勘定科目の確認と入力
- **月次・年次決算**：月次決算や四半期決算、年度末の決算業務
- **予算管理と分析**：年度ごとの予算作成、実績との比較分析、予算達成に向けた提案

同じ職種名でも会社によって対応範囲は変わりますが、このような形で書き出すと似ている部分が見えてきます。

③類似しているものを中心に、経験を箇条書きで記載

店長業務と経理業務を比較すると、類似点として次の点が挙げられそうです。

(1) 売上管理・集計

○店長業務の「売上管理」(日次・月次の売上集計)と経理業務の「日次・月次の売上集計」は、売上データを記録・管理する点で類似しています。

(2) 予算実績管理

○店長業務の「予算管理」と経理業務の「予算管理と分析」は、計画に対して実績を確認・管理し、改善提案を行う点で共通しています。

(3) 現金・キャッシュフロー管理

○店長業務の「入出金管理:レジ業務、売上集計、キャッシュフロー管理」と経理業務の「現金出納管理」「入金確認」は、現金の収支を管理し、店舗または会社の現金状況を確認する部分が似ています。

(4) データ分析

○店長業務の「データ分析:売上データや顧客データの分析、改善点の見直し」と経理業務の「予算管理と分析」は、売上や経費のデータを分析し、改善点や実績管理を行う点が類似しています。

(5) 支払い・経費管理

○店長業務の「シフト管理：勤怠管理、給与計算」や「在庫管理：発注管理」と、経理業務の「経費管理」「支払業務」は、労働コストや仕入れコストの管理・支払いという意味で似ている要素があります。

店長業務と経理業務の類似点

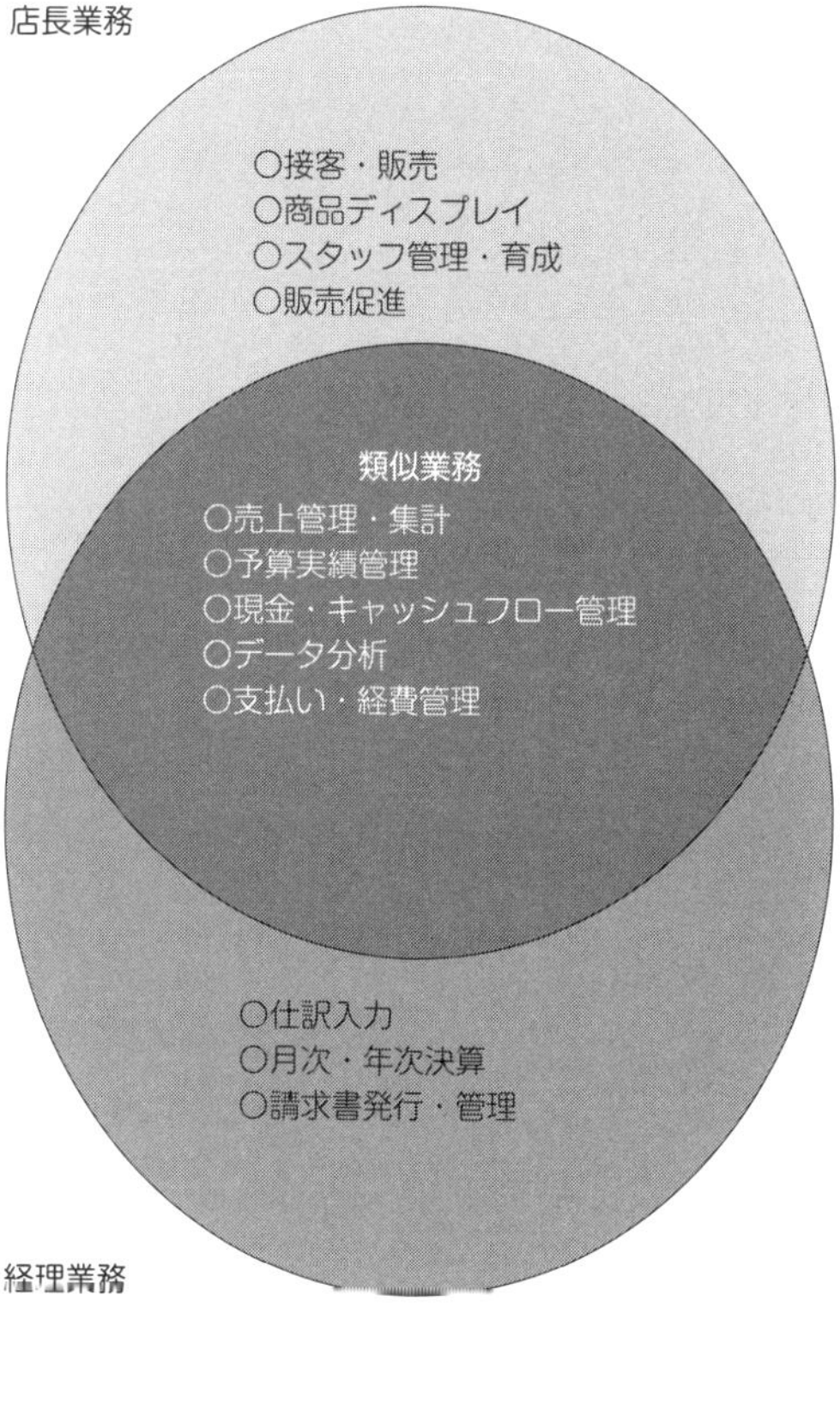

類似点として重なり合うところが見つかったら、職務経歴書に書く時、**相関が強いものから順に上から書いていきます**。

- **売上管理**：日次・月次・年次の売上集計とレポート作成
- **予算管理**：年間・月次予算の立案と実績管理、経費削減の改善策提案
- **在庫管理**：在庫分析による売れ筋商品の適正発注、過剰在庫の抑制
- **キャッシュフロー管理**：日次レジ締め、売上金の銀行入金確認、小口現金管理
- **データ分析**：売上や顧客データの分析、改善点の見直し
- **採用・育成**：スタッフの採用、教育、評価
- **シフト管理**：シフト作成、勤怠管理、給与計算
- **販売促進**：イベントやキャンペーン企画・実施、ＳＮＳやＷｅｂサイトでの集客活動

④応募職種に必要な「能力」を知る

類似点についてまとめたら、続いて必要な能力について確認します。

例えば、営業経験のある人がカスタマーサクセスに応募する場合、「①応募職種に必要な経験を知る」と同じように、カスタマーサクセスに関する情報をまず収集します。

カスタマーサクセスの役割は会社によって異なりますが、例えば解約防止、アップセル／クロス

セルによる顧客単価アップを担うポジションだったとします。
こうした役割を担うために求められる主なスキルは次の通りです。

- **関係構築スキル**
- **ニーズを把握する力**
- **課題解決力**（課題を特定する力、課題解決のための提案力）
- **プロジェクトマネジメント力**

営業経験を通じて培った力の中で、応募先の求めるこれらの能力に近いものや応用できるものを探します。

⑤実績エピソードの中から、④の能力を示せるものを探す

ここでは、選んだ能力について「再現性」に基づいて、具体的なエピソードを使って証明します。実績として書けるエピソードが複数ある場合は、応募職種に最も関連するものを1つか2つに絞り込み、伝えたい能力に直結するように記載しましょう。

実績エピソードから能力を示す例

・エピソード例１：関係構築スキルを示す

> 既存顧客との関係構築を強化し、リピート率25%向上：
> 担当顧客に対して定期的なフォローアップと追加情報の提供を実施し、信頼関係を構築。結果としてリピート率が25%増加。

・エピソード例２：課題解決力を示す

> 顧客の課題を特定し、売上15%増加を達成：
> 売上が停滞している顧客に対し、原因分析を行い、製品トレーニングの導入を提案。これにより、翌月の売上が15%回復。

・エピソード例３：プロジェクトマネジメント力を示す

> 新規提案プロジェクトをリードし、２か月短縮で導入完了：
> 顧客ニーズのヒアリング後、内部チームと密に連携し、プロジェクトの優先事項と進行スケジュールを最適化。結果として、導入スケジュールを従来の４か月から３か月に短縮することに成功。

このように、**実績をただ並べるのではなく、応募先に求められる能力を保有していることを証明できるエピソードを選んで示すことが大切です。**

⑥自己PRでは、人柄や志向性などのソフト面を示す

自己PRを書く際に、「何を書けばよいか悩む」という方も多いかもしれません。自己PRでは、これまで示してきた「経験」と「能力」から一歩離れ、「人柄」や「志向性」をアピールしましょう。

実績の内容を自己PRに書くと、どの会社に在籍していた時の実績を書いているのかがわかりにくくなるため、あまりお勧めできません。また、職務経歴に書いた内容と重複しているケースも散見されますが、限られたスペースの中で重複が発生してしまうのは、とてももったいないです。

ここまでで、経験と能力（ハード面）を示してきたので、自己PRでは人柄や志向性（ソフト面）を示す内容にするのが効果的なのです。

例えば、次のような特性を伝えたいときの自己PRは196ページのように書きます。

- **周囲を巻き込んでチームで働くことが好き**
- **異分野での学びに積極的**

〈自己PR例〉

「チームカで成果を最大化し、新たな学びで自己成長」

私の強みは、組織全体の成果を見据えたチームワークです。組織の細分化による部門間の対立に直面した際、共通のゴールを示して部門を越えた協力体制を築くことで、一人では成し得ない成果を実現することができました。

また、学び続ける姿勢を大切にしています。エンジニア職ではありませんが、関連分野の技術勉強会に自発的に参加し、専門知識を深めることで、お客様からの技術的な質問にも自信を持って答えられるようになりました。この姿勢により、技術部門との円滑な連携も実現しています。

⑦未経験職種に応募する場合は、その職種を志望する理由を書く

未経験の職種に応募する場合、企業は「なぜこの職種を選んだのか」「また他の職種へと移りたくなるのでは？」といった疑問や懸念を抱くことが多いため、志望理由に加えて「できる理由」を伝え、未経験であっても貢献できると示すことが大切です。

ここで、先にお伝えした「職務経歴書を書く際に重要な３つ」を意識して書きます。

①どこに向かうのか：キャリアの方向性
②なぜここへ転職しようとするのか：転職の目的と理由
③どうしてここへ転職できると思うのか：過去の経験に基づく根拠

例えば、「社内異動で異なる部署に配属され、短期間で成果を出した」などのエピソードがあれば、異分野への対応力や自律性を伝えるよい材料になります。「未経験でも早期にキャッチアップし、成果を出せる」という印象を与えられるでしょう。

⑧資格や使用可能ツールなど、できる根拠を示すのに活用できるものを書く

保有資格だけでなく、現在挑戦中の資格や使用可能なツールについても記載しましょう。これにより、応募職種に必要なスキルに積極的に取り組んでいる姿勢が伝わります。

例えば、次のようなケースです。

- **未経験で経理職に応募する場合**：日商簿記2級の資格試験を受ける予定であれば「日商簿記2級受験予定」と明記
- **未経験でマーケティング職に応募する場合**：使用経験のあるマーケティングツール（例：Google AnalyticsやHubSpotなど）を列挙

・フルリモートワークの会社に応募する場合：チャットツールやプロジェクト管理ツール（Slack、Notionなど）などクラウドツールの使用経験を記載

このように資格やツールの使用経験を示すことで、求められるスキルに積極的に取り組んでいることが伝わります。

⑨最後に、冒頭の「何ができる人なのか」を記す

先ほどもお伝えしましたが、多くの企業が、職務経歴書を読み始めて最初に、「この人は何ができる人なのか」を判断しようとするため、冒頭は最も重要な部分です。ただし、職務経歴書を作成する際に取り組む順番は最後にしましょう。

なぜ冒頭に職務要約ではなく「何ができる人なのか」を書くかについて、具体的にアパレルのエリアマネージャーから経理を目指す職務経歴書において、次のように記載されている場合で比較してみましょう。

職務経歴書の冒頭への記載例

A　職歴要約から始まるパターン

【職歴要約】
大学卒業後、アパレル製造販売の株式会社ユアパトに入社し、販売員としてキャリアをスタート。その後、店長に昇格し、新店舗の立ち上げやスタッフ教育、店舗運営全般に携わりました。現在はエリアマネージャーとして、複数店舗の統括管理を行っています。

B　「何ができるか」から始まるパターン

【保有スキル】
・予算実績管理、売上管理・分析
・日次・月次・年次売上レポート、PL管理
・在庫管理、備品管理・購入、伝票管理、現金出納管理
・日商簿記2級相当の知識（受験予定）

C　Aの記載変更例

【職歴要約】
大学卒業後、株式会社ユアパトに入社。エリアマネージャーとして複数店舗の収支管理とコスト最適化に取り組み、収益性向上を図る業務に携わりました。店舗の売上データや在庫コストを分析し、管理会計の視点から効率的な経費管理や利益率向上の施策を実施。戦略的な施策立案と実行を通じて、担当エリア全体の成長に貢献しています。

Aの内容も間違いではありませんが、与える印象は全く異なります。職歴要約を冒頭に配置する場合でも、志望職種をイメージして書く必要があります。

例えばCのように書き換えるだけでも、印象は大きく変わります。

改めて以降4ページに掲載した2つの職務経歴書について、全体を見比べてみましょう。

【活かせる経験・知識・技術等】

・店舗運営管理：店長・エリアマネージャーとしての現場経験を通じて、効率的な店舗運営と売上向上に向けた管理スキルを習得。

・在庫管理：商品の在庫動向を分析し、在庫回転率の向上を実現。無駄な在庫を減らし、適正在庫を維持する手法に精通。

・スタッフ教育・モチベーション管理：スタッフ教育プログラムの策定や日々のフィードバックを通じて、チーム全体の成長をサポート。

・マーケティング施策：データに基づく販売戦略の立案・実行、および市場動向を踏まえたマーケティング施策の企画経験。

【自己PR】

エリアマネージャーとして、売上拡大と効率的な運営体制の構築に注力してきました。特に、現場スタッフとの信頼関係を基盤にチームの一体感を重視しています。現場経験を活かし、企業の成長に貢献したいと考えています。

以上

職務経歴書

2025年1月23日

氏名 濱野 かずみ

【職歴要約】

大学卒業後、アパレル製造販売の株式会社ユアパトに入社し、販売員としてキャリアをスタート。その後、店長に昇格し、新店舗の立ち上げやスタッフ教育、店舗運営全般に携わりました。現在はエリアマネージャーとして、複数店舗の統括管理を行っています。

【職務経歴】

株式会社ユアパト　事業内容：アパレル製造小売業

設立：1979年　資本金：1,700百万円　売上高：6,350百万円（2024年度）従業員数：1900名

期間	業務内容
2018年4月 ～ 現在	**エリアマネージャー** 担当エリア内の売上向上を目指し、各店舗の管理や在庫管理、スタッフ教育などのマネジメント業務を担当。 ［実績］ 各店舗の売上データを基にした販売戦略とプロモーションを企画・実行。地域の特性を活かした施策により、エリア全体の売上拡大に貢献しました。
2015年4月 ～ 2018年3月	**名駅店 店長** 名駅店の立ち上げに伴い、店長として異動。 接客業務に加え、アルバイトスタッフの教育や売上管理、在庫管理を担当。 ［実績］ アルバイトスタッフの採用・教育を担当し、顧客満足度向上に向けた接客スキル向上を促進。質の高い接客と、スタッフの自律的な成長を実現しました。
2013年4月 ～ 2015年3月	**新宿店 販売員** 新宿店において、販売員として接客・商品陳列・レジ対応を担当しました。 ［実績］ 顧客のニーズに合った丁寧な接客を行い、リピーターの増加に貢献。顧客との信頼関係を築き、店舗の評判向上に寄与しました。

年表形式の職務経歴書

<u>月次レポートにかかる時間を**50%**削減</u>
Excelのピボットテーブルやマクロ機能を駆使し、従来2日かかっていた月次レポート作成を半日に短縮

販売員（新宿店）

- 接客・商品陳列・レジ対応

経理職を志望する理由

私が経理職を志望する理由は、エリアマネージャーとして複数店舗の収支管理に携わる中で、会計の重要性を実感したためです。月次決算の数値分析から施策を立案し、業績改善を実現する過程で、正確な会計処理が企業の意思決定の基盤となることを学びました。現場での経験を通じて、「数字を通じて企業の持続的な成長を支えたい」という思いが芽生え、その実現に最適な職種として経理を志望するに至りました。

自己PR

私の行動指針は「正確・迅速・改善」です。

経理業務においても、ミスのない数値管理とスピーディーな業務遂行を両立しながら、業務フローの継続的な改善に取り組みます。財務諸表作成の実務経験こそありませんが、現場で培った数字への深い理解と改善力を活かし、経営基盤を支える存在となることをお約束します。

濱野 かずみ

保有スキル

- 予算実績管理、売上管理・分析
- 日次・月次・年次売上レポート、PL管理
- 在庫管理、備品管理・購入、伝票管理、現金出納管理
- 日商簿記2級相当の知識（受験予定）

PCスキル

- コミュニケーションツール： Zoom、Teams、Slack
- 業務管理ツール： kintone
- Word：データ・図版挿入を含む社内外文書作成
- Excel：表計算、VLOOKUP、IF関数、ピボットテーブルなど
- PowerPoint：会社説明会・研修資料作成、スライドの作成など
- Access：データベースの入力・修正

職務経歴詳細

株式会社ユアパト

2013 年 4 月～現在

エリアマネージャー（東海５店舗）

- 担当エリアの予算作成および実績管理
- 各店舗の売上管理・分析、レポート業務
- 各店舗の収支データ分析
- 運営改善策の企画・実行
- スタッフシフト管理と労務管理
- スタッフ教育、マネジメント業務

［実 績］

利益率を**5**%向上

各店舗の収支データを基に損益分岐点を分析し、各店舗ごとの収益性向上に向けた施策を導入。これにより、エリア内の平均利益率を5%向上させました。

店長（名駅店 スタッフ約**50**名）

- 現金出納、備品管理、在庫管理
- 日次・月次・年次の売上レポート、分析
- スタッフのシフト作成、勤怠管理、給与計算
- 採用・教育：スタッフの採用、教育

［実 績］

在庫回転率を**20**%向上

在庫動向を分析し、過剰在庫の削減と効率的な在庫配置を実現。これにより、在庫回転率が20%向上し、無駄なコストを削減しました。

本書が提案する職務経歴書

どちらも同じ人の職務経歴書ですが、経理人材を探している際に目に留まるのは、より具体的なスキルと実績を示した2枚目（202~203ページ）です。職務経歴書は、単なる経歴の羅列ではなく、あなたの「これから」を見せる重要なツールです。応募職種に合わせて経験を再構成し、強みを際立たせることで、あなたのキャリア可能性を最大化することができます。

このステップを参考に整理し、伝えたい内容を組み合わせることで、読み手に「あなたなら任せられる」と感じさせる職務経歴書を作り上げましょう。

4 転職しない選択も含めた柔軟なキャリア戦略

(1) 転職する・しないを職務経歴書から判断する

キャリア形成において、転職はあくまで手段の一つに過ぎません。転職目的ではなく定期的な振り返りとしての職務経歴書を、「自分企画書」として活用することで、「今の場でさらに成長を図る」という選択肢も見えてきます。

転職する・しないの判断について相談を受ける際、私は次のように答えています。

- 現職が価値観にフィットしていて、キャリア戦略上で得たい経験を積める可能性があるなら、転職しない方がよい。
- キャリア戦略上はよい選択に見えても、価値観が合わず能力を発揮できない環境であれば、転職を検討した方がよい。

新しい成長機会や挑戦機会を求める場合、すでに人間関係を構築していて、信用を得ている現職の方が、実現可能性が高く、結果も出しやすい傾向にあります。一方で、転職すると、信頼の構築や人間関係もゼロから始まるため、うまくいかない可能性も含まれています。このような観点で、転職のメリットとデメリットを理解して判断することが重要です。

(2) 転職以外の選択肢としての「副業」

転職だけでなく、副業に挑戦するのもキャリア戦略の一つです。副業のメリットとして次が挙げられます。

- **新たな経験とスキルの蓄積**：副業で得た経験はキャリアの「価値あるピース」として活用でき、将来の選択肢を広げる土台にもなります。
- **収入源の分散によるリスクヘッジ**：収入源を複数持つことで、万が一本業に変化があった際のリスクを軽減できます。また、経済的な余裕が生まれることで、新たなチャレンジもしやすくなります。

- **人脈の拡大と新たなビジネスチャンス**：副業を通じて、普段の職場では出会えない人と交流する機会が広がります。これにより、新しい人脈が築け、将来のキャリアやビジネスチャンスが生まれる可能性が高まります。
- **精神的なバランスの確保とモチベーション向上**：本業とは異なる分野で活動することで、新たな刺激を得られます。副業で得られる達成感や楽しさがストレスを軽減し、仕事生活全体の満足度を高めます。

このようなメリットを活用するため、**本業だけを「仕事」と捉えるのではなく、副業も含めて「仕事」と再定義してみてはどうでしょうか**。本業でやりがいや報酬など全てを満たせるのが理想ですが、現実的に難しいことも多いです。本業では「得意」を活かし、副業で「好き」を満たすという形もあります。

例えば、営業職の方が趣味で写真撮影をし、それを活かしてスポットワークとしてイベント撮影の副業をしているケースもあります。スポットワークとは、短期間や単発で依頼を受ける副業であり、ライフスタイルに合わせた柔軟な働き方が可能です。

一方、副業にはデメリットもあります。例えば、時間管理が難しくなったり、スイッチコストで疲労が蓄積する可能性もあります。キャリアの観点でいえば、副業で関われる仕事の範囲には限りがあるケースもあります。こうした点に注意しながら、選択できるといいでしょう。

このように、**キャリア形成は「転職するかしないか」の単純な二者択一ではありません。現職で成長することや副業を通じて新たな経験を積むなど、柔軟な選択肢を持つことで自分らしいキャリアを築くことができます。**

5　自分にとって有利になる戦い方を知る

転職活動を進める際、どのように情報を得るのが最も効果的でしょうか？

多くの方はまず求人サイトで検索し、興味のある企業や職種を見つける方法を取ると思います。弊社のキャリア事業「キャリパト」のユーザー様でも、「求人サイトに登録して探している」という方がほとんどです。しかし、求人サイトにもそれぞれ特徴があり、適切なサイトを選ばなければ、必要な情報を得ることが難しくなる可能性があります。職種や業種、希望する働き方によっても、適切なサイトは異なります。

転職エージェントの選び方も重要で、求人サイトよりもさらに複雑な要素が含まれます。例えば、転職エージェントには次のような特徴の違いがあります。

（1）転職エージェントの特徴

- **百貨店型（総合型）とブティック型（専門特化型）**
  ◦百貨店型エージェントは、多種多様な求人情報を網羅しており、幅広い選択肢を提供してくれます。一方、ブティック型エージェントは特定の業界や職種に強みがあり、質の高いマッチングが期待できます。
- **分業型と両面型**
  ◦分業型エージェントでは、企業側と求職者側の担当が分かれており、それぞれの役割に特化したサポートが受けられます。一方、両面型エージェントでは一人の担当者が企業と求職者の双方をサポートするため、深い理解に基づいた提案が可能です。

どの方法がよい悪いではなく、自分のキャリアテーマや希望条件に合った手段を選択することが重要です。情報収集の効率が上がり、希望に合った情報が得られる手法を見極めましょう。そのためには、**自分にとって必要な情報を知り、適切に判断できる「ものさし（判断軸）」を持つことが不可欠です。**

ここまで本書を読み進めている皆様は、すでに今の自分にとって大切なキャリアテーマや判断軸についての理解が深まっているはずです。これらが明確でないまま転職活動を始めてしまうと、「受からない」「決められない」といった悩みに直面することがあります。まずは、本書の内容に沿って、過去の整理から始めてみてください。

(2) 自分に合った方法での転職活動の実例

私の場合、年齢や性別、居住地の影響もあり、一般的な求人サイトに登録してもよい結果が得られないと判断し、登録しませんでした。

株式会社キャスターへ転職した際には、X（旧Twitter）経由で声をかけられたことがきっかけでした。このときは転職活動をしていたわけではなく、Xやnoteでの発信を見て興味を持っていただき、何度か対話を重ねた後で転職が決まりました。

株式会社キャスター在籍時は、執行役員として複数の事業を管掌していました。やがて自分自身の退職を考え始めるのですが、自分が採用したメンバーが多くいるのに、「転職活動をして、もっといいところが見つかったから辞めます」というのは無責任な気がして、なかなか踏み出せずにいました。

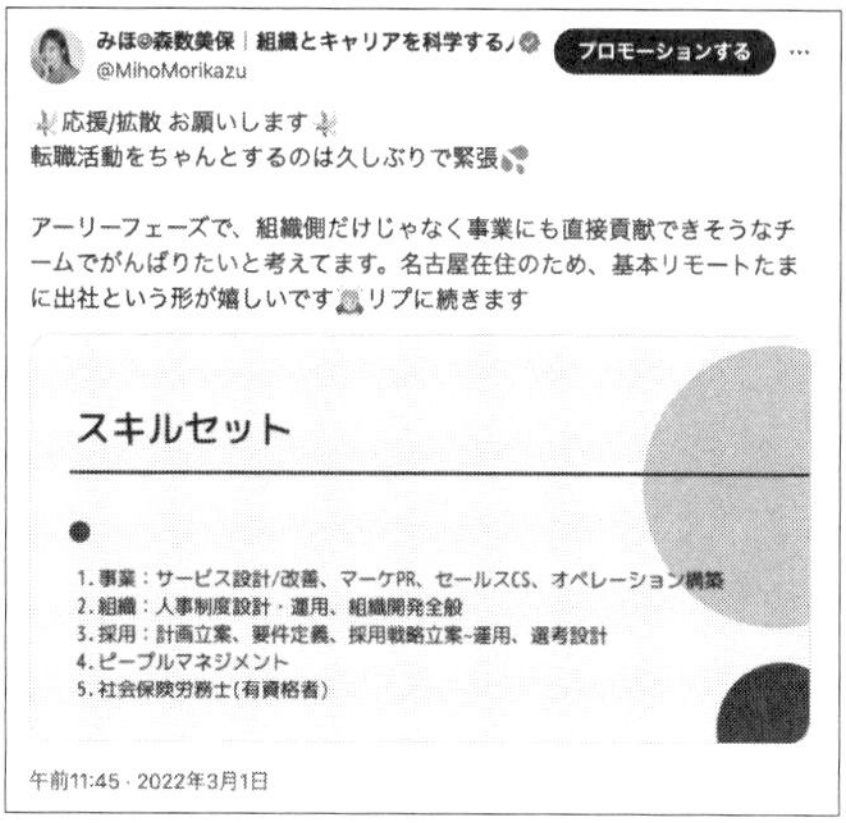

当時の投稿

それでも最終的には退職を決め、最終在籍日の翌日、「転職先を探しています」とXに投稿しました。

その投稿を見た株式会社キャスターの代表や役員、メンバー、お客様が引用投稿で応援の声を上げてくれたことに驚きました。これらの投稿が「リファレンス（情報の信頼性を確認するための参照情報）」となり、転職活動を後押ししてくれたと感じています。

転職活動は求人サイトだけに限らず、この章でも示したようにＳＮＳやネットワークを活用することでも大きな効果を発揮するケースがあります。自分のキャリアテーマに合った手段でアプローチし、チャンスを広げるための活動を意識してみてください。

Column

転職しなくても武器になる！　“自分企画書”

企画書の目的が「提出すること」ではなく、「相手に価値を伝え、採用・承認されること」であるように、職務経歴書も「自分を採用することで企業が得られる価値」を明確に示すことが重要です。

そのため、「これまでどんな経験を積んできたか」だけでなく、「その経験をどう活かし、次の職場でどんな成果を生み出せるのか」まで描くことで、初めて価値のある企画書＝職務経歴書になります。単に「私はこのポジションにフィットします」と伝えるのではなく、「私を採用すれば、こんな成果をもたらせます」と提案できる内容にすることがポイントになります。

また、企画書が「隅から隅まで読まれる前提で作られるものではない」のと同じように、職務経歴書も「最後まで読まれない可能性があるもの」と考える必要があります。どんなに素晴らしい経歴でも、最初の数行で興味を引けなければ、最後まで読まれません。だからこそ、「普通はこう書く」といった枠にとらわれず、どう表現すればよいかを戦略的に考えることが大切なのです。

転職を考えていなくても、自分をプレゼンする資料として自分企画書を作成し公開することで、思わぬ機会やつながりが生まれるかもしれません。実際に、フリーランスとして活動している人が、自分企画書によって案件獲得に繋がったという事例も多数あります。職務経歴書に対する市場からのフィードバックを得る機会は滅多にありませんので、自分の現在地を客観的に再確認する絶好のきっかけにもなるでしょう。ぜひ、この機会に「自分企画書」にトライしてみてください。

参考資料：森数の自分企画書
https://bit.ly/40DfY7C

おわりに

選べる自分、選ばれる自分であることの意味

「選択肢があること」「自分で選べる状態であること」の重要性に気づいたのは、1社目の転職エージェントの時です。

中途採用の面接で「落ちる」ことのインパクトの大きさは、計り知れないものがあります。これまでの経験を全て伝えた上で不採用になると、自分を否定されたような気持ちになります。「合わなかっただけ」と思っても、**何度も不合格が続くと「自分には選択肢がないのではないか」と感じ、ようやく内定が出た会社に対して「ここしかない」と思いこんでしまう**ことも少なくありません。転職活動中の多くの人が抱える心理であり、選択肢が少ない状態での焦りから生まれるものです。

逆に、1社だけ応募し、その本命の会社から内定をもらったときでも、「他も見るべきだったかも」と悩むことがあります。このように、選択肢がない状態は不安を生みやすく、前向きな感情につながりにくいのです。

心理学の「自己決定理論」によれば、人が満足感を得るには次の3つの要素が必要とされています。

- **自律性**：自分の意思で選択し、行動することで自由を感じること
- **有能感**：自分の能力が発揮され、成長を実感できること
- **関係性**：周囲とのつながりや信頼を感じること

しかし、**キャリアにおける自己決定は複雑です**。

キャリアの大きな分岐点は、人生でそう何度も訪れるものではありません。また、良質なキャリア選択のためには様々な情報が必要ですが、自己理解含め、すべてを正確に把握することは極めて困難です。そのため、意思決定の精度をあげることが難しく、たとえ自分で決めたとしても「こんなはずじゃなかった」と感じるケースもあります。満足度をあげるどころか、満足度を下げてしまうかもしれません。そこで、この言葉を心がけてください。

「選ぶには基準が必要であり、選べる状態になるには選ばれなければならない」

「選べる状態」であるためには、自分が現在持っている強みを理解し、その強みと相性がいい経験を積み上げていく必要があります。さらに、「選ばれる」ためには、自己理解だけでは不十分で、他者に自分の価値を理解してもらう必要があります。そのために「勝てる職務経歴書」、いわば自分を効果的に伝える「自分企画書」が重要になるのです。

ただし、いくら選択肢があっても、自分に合った基準や選び方がわからなければ、選ぶことすら

できません。だからこそ、今の自分にフィットする「判断軸」と「ありたい姿」を明確にし、それらに基づいて行動することが鍵となります。

自分が主体的に選び取れる選択肢が複数あることは、心理的な余裕をもたらし、どんな選択をしても「自分で正解にしよう」という気持ちが働きます。

最後にもう1つお伝えしたいことがあります。

本書は、採用側の視点や心理を踏まえて、「選ばれる自分になる」戦略を立てています。具体的には、第7章「キャリア可能性を最大化する、勝てる職務経歴書のつくり方」の部分です。書類選考においては特に、「経験」で判断される傾向にあります。そのため、「経験」部分の表記を意識したステップにしています。

しかし、経験と能力は別物です。本来、仕事で重要なのは「能力」です。ただ、書類上は能力が読み取りにくいため、経験が優先されるのです。

まずは打席にたつことを優先して、採用側の視点を取り入れた構成にしていますが、入社はゴールではなくスタートです。そのため本来は、能力に光があたるようになるといい。そうなるにはまず、個人が自分の強みを正しく理解し、採用側が求める要件に必要な能力を言語化できるようになる必要があります。

本書のキャリア戦略フレームワークを多くの方が知り、実践することで、本質的な採用活動やキャリア選択が実現できるのではないかと考えています。

実際、弊社には、全くの異業種から参画して大活躍しているメンバーがいます。職種も業種も、会社のフェーズも違うところからきた人が、なぜ活躍できるのか。それは、能力と特性が弊社のフェーズにマッチしていたからです。

「やったことがないから出来ない」では、ありません。「やったことがないけど出来た」の理由を説明できる人が増えていくことが、今の経験偏重を変えていけるのではないかと考えています。この未来を叶えるため、Your Patronum 一同 頑張ります。

本書を手に取ってくださった皆様が、今やりたいことがなくても、幸福度の高いキャリア人生を送れるように綴《つづ》りました。ここで示したキャリア戦略フレームワークを、キャリア戦略づくりの羅針盤として活用いただけたら嬉しいです。皆様が自分らしく価値を発揮し、充実したキャリアをつかめますように。

これまでやってきたこと全てに意味があり、光をあてるべき場所は必ず見つかります。

どうしても自分の中に光を見つけられない場合は、私が懐中電灯を照らして見つけたい。自分を信じられなくなってしまった時は、私があなたの代わりに信じて応援します。

謝辞

やりたいことが特になく、他人軸で生きるお手本のような私が、試行錯誤の中で編み出したのが、「やりたいことが見つかるまでは、できることを増やし続けよう」という手法でした。結果論ではありますが、「目の前にいる人を最大限幸せにしたい」という思いを叶えるためには、できることを増やしてきてよかったと思います。そして、これまでやってきたこと全てに意味があったと、自分自身の経験からも痛感しています。

そう思えるようになったきっかけは、夫です。「今のままでいい」「ここが美保の居場所だよ」と、10代の頃から言い続けてくれました。これまでの選択全てを一番応援してくれたのも夫で、心の底から感謝しています。

社会人になってから一番影響を受けた人は、新卒で入社した株式会社ジェイ エイ シー リクルートメントの代表取締役会長兼社長の「ミセス」こと田崎ひろみさんです。ミセスから発せられるエナジー、そして愛に何度も奮い立たせられました。自分に自信が持てない新卒1年目の私に「あなたは類いまれなるチャームを持っている。努力し続ければ、誰も追いつけない存在になる」とメッセージをくれました。私の存在そのものを承認してくれて、とても嬉しかったことを昨日のことのように覚えています。プロフェッショナルとしての立ち居振る舞い、誇り、リーダーとしてのスタンス、ミセスから教えてもらったこと全て、今でも大切にしている宝物です。ありがとうございます。

社会人になって改めて偉大さに気づいたのは、父です。新卒で入社した会社で定年まで勤め上げ、役員を担うまでになることがどんなにすごいことか。社会人になって最初に湧き上がった感情は「お父さん、ごめんなさい」でした。働くことがこんなに大変だと知りませんでした。父は、社会人の先輩として最も尊敬する人です。何歳になっても心配して、いつも気にかけてくれる母の愛にも感謝しています。

幼い子どもを預けて働くことに罪悪感を覚える私の背中を押してくれたのは、義母でした。「義母が働くことを応援してくれている」というのは本当に心強かったです。母も義母も、子どもが幼い頃、新幹線に乗って何度も助けにきてくれました。二人の助けがなければ、我が家はどうなっていたかわかりません。本当にありがとう。

起業の先輩である義父。起業報告をした時、「起業したら嫌なことをされることもある。だけど、仕返しはしてはいけない。でも、何をされたかは忘れたらダメだよ。同じことが起こらないようにするために」と教えてくれましたね。今でも大切にしています。いつも応援ありがとう。

この企画を強い気持ちで通してくださった日本能率協会マネジメントセンターの編集者の早瀬さん。ご縁をつないでくださったインプルーブの小山さん。出版が決まったことを心から喜んで応援してくれた株式会社Your Patronumの皆さん。そして、この本を手に取ってここまで読んでくださった皆様に心からお礼申し上げます。

そして、私の力の源である娘と息子に愛を込めて。

株式会社Your Patronum代表取締役　森数 美保

〔著者紹介〕

森数 美保（もりかず みほ）

株式会社Your Patronum 代表取締役 /組織・キャリア開発の専門家 /
社会保険労務士有資格者

大阪育ち、名古屋在住の２児の母。大阪府立北野高等学校、大阪大学外国語学部を卒業。

新卒で株式会社ジェイ エイ シー リクルートメントに入社し、最年少マネージャーとして活躍。結婚を機に名古屋支店へ異動し、第一子出産後もマネージャー職のまま復職。仕事と家庭の両立に奮闘するも、夫の育児ノイローゼを機に退職し、「何者でもない自分」に絶望する。

その後、社会復帰し、NTTドコモの子会社で人事を経験。さらに、創業期のITスタートアップ（株式会社Misoca / 現：弥生株式会社）に参画し、ゼロからエンジニア採用を推進。

2018年、株式会社キャスターに入社し、翌年から採用代行サービスの事業責任者として300名超のフルリモート組織のマネジメントと事業開発を両立。３年間で導入企業数350社を突破。2021年４月には執行役員に就任し、複数事業を統括。その後、株式会社ミライフに執行役員として入社し、キャリアコンサルタント・人事・事業経営の経験を活かして、本質的なキャリア構築や組織づくりを推進。

2024年、株式会社Your Patronumを創業し、組織・キャリア開発の専門家として企業・個人の支援を行っている。

Your Patronum公式ホームページ https://company.yourpatronum.jp/
組織の悩みをなくす『ユアパト』https://yourpatronum.jp/
選べる自分になる『キャリパト』https://career.yourpatronum.jp/

～読者特典：無料動画プレゼント！～

本書で紹介した「キャリア戦略の考え方」と「ピース化とラベリングの基礎」について解説した無料動画をプレゼントします。以下にアクセスしてメールアドレスをご登録いただくだけで、動画への案内が受け取れます。

URL　https://career.yourpatronum.jp/present

「何者でもない自分」から抜け出すキャリア戦略
やりたいことがなくても選べる未来をつくる方法

2025年 4 月 30 日　初版第 1 刷発行
2025年 6 月 10 日　　　第 2 刷発行

著　者――森数 美保

発行者――張 士洛
発行所――日本能率協会マネジメントセンター
〒103 - 6009 東京都中央区日本橋2-7-1　東京日本橋タワー
TEL 03（6362）4339（編集）／03（6362）4558（販売）
FAX 03（3272）8127（編集・販売）
https://www.jmam.co.jp/

装丁――――山之口正和＋永井里実（OKIKATA）
本文DTP―――株式会社明昌堂
印刷――――シナノ書籍印刷株式会社
製本――――株式会社新寿堂

ISBN978-4-8005-9321-4　C2034
落丁・乱丁はおとりかえします。
PRINTED IN JAPAN

JMAM の本

キャリア・スタディーズ
これからの働き方と生き方の教科書

田中 研之輔／遠藤 野ゆり／梅崎 修　編
四六判264ページ

AIの普及、労働人口の減少など、何もかもが不確かな時代に生きる人々に必要なのは、自分で生き方と働き方をデザインする力です。

本書は、キャリアデザイン学の専門家が結集して書き上げた、VUCA時代を生き抜くためのキャリアの教科書です。「キャリア」を発達・教育、ビジネス、人生など様々な視点から理論的かつ実践的に解説しています。

これから社会に出る大学生にも、すでに働いている社会人にも役立つ、自分のこれからをデザインする一助となる一冊です。

はたらくってなんだ？
働くこころの根っこをつくる哲学授業

村山 昇　著
A5判変形332ページ

就職しようとする人、とりわけ新社会人にとって、就職（職選び・会社選び）をどうするかの前に、あるいは仕事をどううまくこなすかの前に、自分の〈生きる・働く〉がどうありたいかの心の根っこをつくりたいところです。

本書は、働くこと・仕事・キャリアに向き合うときの「心の構え方・ものごとのとらえ方」「就労意識の基盤」「仕事観・キャリア観」の作り方について、豊富な図解を交えて分かりやすく考えられる一冊です。

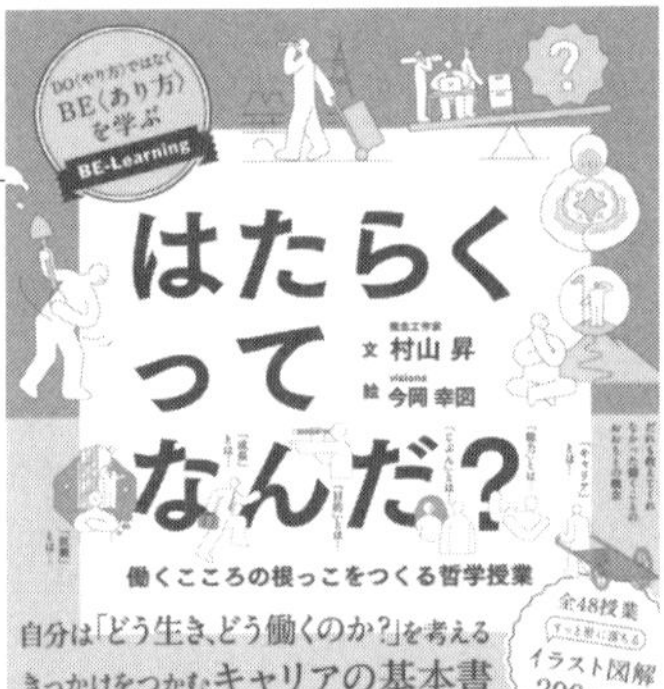

日本能率協会マネジメントセンター